RÉSUMÉ HISTORIQUE

DE L'ENSEIGNEMENT

DE L'ÉCONOMIE POLITIQUE

ET DE LA STATISTIQUE

EN FRANCE

A L'OCCASION DU 40e ANNIVERSAIRE

DE LA FONDATION DE LA SOCIÉTÉ D'ÉCONOMIE POLITIQUE

PAR

E. LEVASSEUR

Membre de l'Institut.

Extrait du JOURNAL DES ÉCONOMISTES
(Novembre 1882).

PARIS

LIBRAIRIE GUILLAUMIN ET Cie, ÉDITEURS

de la Collection des principaux Économistes, des Économistes et publicistes contemporains, de la Bibliothèque des sciences morales et politiques, du Dictionnaire de l'Économie politique, du Dictionnaire universel du Commerce et de la Navigation.

RUE RICHELIEU, 14

1883

RÉSUMÉ HISTORIQUE

DE L'ENSEIGNEMENT

DE L'ÉCONOMIE POLITIQUE

ET DE LA STATISTIQUE

EN FRANCE

Le Bureau de la Société d'économie politique m'a chargé de vous présenter, à propos du quarantième anniversaire de la Société, un résumé historique de l'enseignement de l'économie politique en France.

La Société a toujours pris un très vif intérêt à l'enseignement de la science qu'elle cultive ; elle en a donné des témoignages par plusieurs discussions dans ses séances mensuelles et par des démarches de son bureau sur lesquelles je n'aurai pas insister, parce que notre secrétaire général vient de faire l'historique de la Société. Chaque chaire qui s'élève est un foyer nouveau qui contribue à répandre la lumière de la science économique dans notre pays et l'histoire du progrès de l'enseignement, Messieurs, est une partie considérable de la propagation des idées que vous défendez.

J'ai accepté la tâche, parce que l'histoire des progrès de l'enseignement dont nous nous réjouissons tous est à sa place dans cette fête. Je la ferai aussi brève que possible et cependant je serai plus long que je ne le voudrais; car l'enseignement de l'économie politique, dont les débuts ont été si difficiles, a pris aujourd'hui un développement assez grand pour que l'énumération seule de ses cours occupe plusieurs pages.

Je traiterai successivement de l'enseignement supérieur, de l'enseignement secondaire et de l'enseignement primaire de l'économie politique. J'insisterai davantage sur le premier, parce qu'il est le plus varié et qu'il est le plus important pour le progrès de la science même, tandis que les deux autres intéressent surtout la diffusion de la science ; je suivrai l'ordre d'ancienneté de l'enseignement économique ou l'ordre d'importance des groupes d'établissements, traitant du Conservatoire des Arts-et-Métiers d'abord, du Collège de France en second lieu, des écoles de droit en troisième lieu, puis des autres établissements d'enseignement supérieur ou technique, et plaçant ensuite les conférences et les cours populaires, qui, selon les professeurs et selon les auditeurs, se rattachent à l'enseignement supérieur ou appartiennent à un enseignement plus modeste.

LE CONSERVATOIRE DES ARTS-ET-MÉTIERS.

Le Conservatoire des Arts-et-Métiers, créé par la Convention (décret du 19 vendémiaire an III - 10 octobre 1794), avait été dans le principe un musée industriel où trois démonstrateurs et un dessinateur devaient donner au public des explications sur les machines et modèles. On y joignit sous le Directoire et on organisa sous l'Empire une petite école de dessin d'abord, d'enseignement industriel ensuite, qui compta jusqu'à trois cents élèves. L'école languit sous la Restauration et les démonstrateurs ne firent jamais un enseignement.

Le baron Charles Dupin, qui avait fait des leçons à des ouvriers lorsque, tout jeune, il était en mission à Corcyre, pendant l'Empire, et qui est resté toute sa vie un défenseur convaincu et énergique de l'instruction populaire, demanda l'institution de cours publics au Conservatoire; il trouva dans le comte, depuis duc, Decazes, un ministre libéral qui était disposé à écouter une pareille proposition et qui fit signer au roi l'ordonnance du 26 septembre 1819.

« Le Conservatoire des Arts-et-Métiers, dit cette ordonnance, a rendu, depuis son institution, d'importants services; mais, pour atteindre complètement le but de sa fondation, il y a manqué jusqu'ici une haute école d'application des connaissances scientifiques au commerce et à l'industrie. Voulant pourvoir à ces besoins, remplir le vœu des hommes éclairés et contribuer de tout notre pouvoir aux moyens d'accroître la prospérité nationale.....

« Art. 1. Il sera établi au Conservatoire des Arts-et-Métiers un enseignement public et gratuit pour l'application des sciences aux arts industriels. »

En conséquence, trois cours étaient créés, dont les professeurs furent nommés le 2 décembre 1819 : cours de mécanique, confié au baron Charles Dupin; cours de chimie industrielle, confié à Clément Desormes; *cours d'économie industrielle*, confié à ***Jean-Baptiste Say***.

La génération actuelle, qui trouve naturellement bon qu'un enseignement de ce genre existe, n'est pas capable de comprendre qu'il fallait alors une certaine hardiesse pour l'instituer. Il n'y avait qu'un ministère libéral qui pût l'oser. L'expression du sentiment de la majorité de la Chambre des députés à cet égard se trouve consignée dans un rapport que rédigea, peu d'années après, la commission du budget de 1825, et qui blâme non seulement un enseignement public et général, mais même la modeste instruction technique donnée dans les écoles d'arts et métiers de Châlons et d'Angers.

« Les écoles d'arts et métiers, disait le rapporteur, ont été pour votre commission l'objet de sérieuses méditations ; elle en a vu les inconvénients ; ils sont ceux d'un siècle qui est coupable et victime tout à la fois d'une éducation longtemps étrangère aux premiers besoins de la société. Celle de ces maisons commence à dix-huit ans, âge où l'on n'a le plus souvent que le mal à apprendre. On sait quels en ont été les fruits. Le gouvernement cherche à y porter remède : le peut-il par de simples modifications ? Votre commission, Messieurs, aimerait mieux voir les fonds qui s'y consacrent employés aux parties nécessiteuses de son budget. »

L'économie politique était encore moins en faveur que l'enseignement technique. Si la science nouvelle avait des partisans, c'était surtout en dehors du monde officiel et dans le parti libéral; Jean-Baptiste Say y jouissait déjà d'une grande et légitime célébrité. Son *Traité d'économie politique*, publié pour la première fois en 1803, venait d'avoir sa quatrième édition en 1819 et il avait fait, depuis 1815, à l'Athénée, un *Cours d'économie politique* très goûté. En 1818, le baron Thénard, vice-président du Conseil supérieur de l'instruction publique, lui avait demandé de lui écrire une lettre dans laquelle il exposerait les raisons de la création d'un cours public de ce genre. Jean-Baptiste Say avait écrit et conclu par ces mots : « Stimuler l'esprit d'entreprise sans l'éclairer, c'est nuire à la prospérité publique ; instruire les hommes laborieux des procédés des arts et provoquer l'emploi de capitaux sans leur montrer les conditions indispensables pour que ces moyens puissent fructifier en leurs mains, c'est leur tendre un piège.... Telles sont, Monsieur, les considérations qui méritent d'être mises sous les yeux du comité qui s'occupe de rendre le Conservatoire des Arts-et-Métiers le premier établissement de ce genre qu'il y ait en Europe. »

Les arguments de Jean-Baptiste Say et ceux du baron Charles Dupin trouvèrent donc accès auprès du comte Decazes. Cependant l'économie politique ne fut pas introduite sous son vrai nom ; on craignait un enseignement qui aurait eu pour enseigne le mot politique et, puisque c'était aux arts industriels qu'on se proposait d'appliquer l'étude des sciences, on lui donna le nom de cours d'économie industrielle.

Les cours du Conservatoire ne s'ouvrirent que le 25 novembre

1820. Jean-Baptiste Say fit sa première leçon le 2 décembre 1820, le même jour que Charles Dupin.

« Messieurs, disait-il au début, le gouvernement, en instituant au Conservatoire des Arts-et-Métiers l'enseignement auquel vous venez prendre part, montre sa louable sollicitude pour le progrès des arts utiles. Cette institution, qui n'avait pas de modèle dans les autres États de l'Europe, mérite d'y trouver des imitateurs. Partout il existe des chaires publiques pour l'enseignement des lettres, de la médecine et des lois ; dans plusieurs pays il en existe pour les sciences physiques et mathématiques; on a vu même des cours de technologie ou de la pratique des arts; mais, jusqu'à ce moment, on n'avait rien fait dans les établissements publics pour mettre les personnes qui se consacrent à des professions industrielles, à portée de profiter des hautes connaissances dont s'enorgueillit à bon droit notre siècle...

« Le siècle appelait donc un enseignement qui pût faire participer, sans frais, aux lumières des savants, les hommes qui se consacrent aux travaux de l'industrie; un enseignement qui, se perpétuant d'année en année, les tînt constamment au courant du dernier état des sciences, fît participer tous les arts aux découvertes qui seraient faites dans l'un d'entre eux et généralisât des procédés qui, faute de ce centre commun, seraient demeurés ensevelis dans un coin écarté du royaume....

« Ce n'est pas tout... Stimuler l'esprit d'entreprise sans lui montrer quels sont ses intérêts bien entendus, n'aurait été souvent que lui tendre un piège en voulant lui offrir un secours....

« C'est pour éviter ces inconvénients (autant du moins que l'humaine sagesse peut se flatter d'y réussir) que dans l'enseignement du Conservatoire des Arts-et-Métiers, on a joint à l'application de la mécanique et de la chimie aux arts utiles, l'enseignement de l'*Economie industrielle*. »

Le professeur s'appliquait à justifier cette expression en disant que le mot économie était l'essentiel et que, si par économie politique on entendait la science de la richesse par rapport à l'ensemble des personnes qui composent la société, on devait entendre par économie industrielle la science de la richesse par rapport aux personnes qui se consacrent aux professions industrielles, et que c'était à ces personnes que son cours s'adresserait.

En réalité, c'est bien un cours d'économie politique qu'il professa. Le *Cours complet d'économie politique pratique* publié en 1828-1829 en est la preuve; le plan général est le même que celui du Traité d'économie politique; les modifications que Say a introduites dans la distribution des matières et qu'a dû lui suggérer l'expérience de l'enseignement, l'ont en général rendu plus logique et les développements qu'il y a ajoutés, particulièrement ceux qui sont relatifs à l'influence des institutions sur l'économie des sociétés, sur le nombre et la condition des personnes, ont eu principalement pour but d'accuser davantage le caractère pratique qui lui paraissait être celui de sa chaire. Jean-Baptiste Say n'a jamais d'ailleurs professé ce qu'il appelle son cours dans l'ordre même où il l'a composé; mais il y a enregistré toutes les idées et probablement tous les développements qu'il a professés en plusieurs années, écrivant à loisir, ajoutant et corrigeant sans cesse.

Le Cours est bien l'expression de la doctrine du professeur du Conservatoire, laquelle, sur certains points, particulièrement sur le rôle de l'État, est plus tempérée que celle de l'auteur du Traité. Il donne en même temps une idée de sa manière d'enseigner qui était simple, méthodique, claire, sans éclat; le professeur cherchait, en homme de science honnête et convaincu, à instruire son auditoire, jamais à l'entraîner par la passion ni à le mêler aux luttes de la politique militante.

Il enseigna ainsi pendant douze ans, de 1820 à 1832, quoique, vers la fin, sa santé fût profondément altérée, surtout depuis la mort de sa femme; le 15 novembre 1832, il mourut frappé d'apoplexie, à l'âge de 66 ans.

Dans la chaire du Conservatoire il eut pour successeur son meilleur disciple, *Blanqui*, qui était alors directeur de l'École supérieure de commerce et qui s'était déjà distingué dans la science économique par ses écrits et par son enseignement. Blanqui avait alors 35 ans: il occupa la chaire vingt et un ans, de 1833 à 1854. Avec lui, le cours prit une allure nouvelle; le professeur dogmatisa peu, mais il se jeta dans la mêlée des intérêts industriels, étudiant les faits présents, critiquant les institutions et les lois contraires au développement économique, invoquant l'exemple de l'Angleterre, appelant les réformes, poursuivant de sa verve spirituelle et mordante les adversaires de la liberté des échanges, attirant et séduisant un très nombreux auditoire par la vivacité de ses saillies et par un remarquable talent de parole. Il n'a jamais publié son cours; mais ses leçons ont été recueillies et imprimées, de novembre 1836 jusqu'en avril 1839, par deux de ses auditeurs, qui devaient eux-mêmes compter au nombre des économistes distingués de notre époque, Ad. Blaise et J. Garnier (1). Quoique les volumes aient été rédigés à l'aide des notes et avec les conseils du

---

[1] Les trois premiers volumes ont été publiés par Ad. Blaise et Garnier et édités par Hachette, le quatrième a été publié par Ad. Blaise et édité par Mathias.

maître, ils ne donnent qu'une idée incomplète d'un enseignemen auquel la parole du professeur prêtait un charme tout particulier.

Blanqui était malade, et, depuis deux ans, il avait songé à se faire remplacer, d'abord par M. Audiganne, ensuite par Joseph Garnier, sans avoir mis ce dessein à exécution. Il mourut le 19 janvier 1854. Il n'eut pas de successeur immédiat.

En 1838, sous le ministère de Martin (du Nord), une commission avait rédigé un plan nouveau d'enseignement au Conservatoire. Le successeur de Martin (du Nord), Cunin-Gridaine, ne donna pas suite à l'ensemble de ce plan, mais il créa, par ordonnance du 26 septembre 1839, cinq cours nouveaux, et, parmi ces cours, celui de *législation industrielle*. *Wolowski*, qui n'avait alors que 29 ans, mais qui rédigeait alors la *Revue de législation et de jurisprudence* et qui s'y était fait connaître par d'intéressants travaux de législation comparée, fut le professeur de ce nouvel enseignement.

Il le comprenait d'une manière large. C'est moins le commentaire du texte que l'esprit des lois qu'il se proposa de présenter à son auditoire ; or l'esprit de la législation industrielle se trouve dans les principes de la science économique. « La législation industrielle, disait-il dans une leçon d'ouverture (1843), est destinée à formuler en dispositions pratiques les enseignements de cette science qui apprend comment se forment, se distribuent et se consomment les richesses. C'est elle qui est appelée à régulariser le libre exercice des facultés productrices au moyen d'institutions variées, qui sont le complément obligé de l'affranchissement du travail. » Wolowski avait pris pour sujet de sa première leçon, au commencement de l'année 1840, la question des brevets d'invention et des marques de fabrique ; il prit l'année suivante celle de l'organisation industrielle de la France avant Colbert, puis celle des fraudes commerciales, celle de l'organisation du travail. Durant les agitations socialistes de 1848, il défendit courageusement, comme le faisait de son côté Blanqui, les vérités économiques contre les débordements de l'utopie.

Le gouvernement impérial ne s'est pas montré, durant ses premières années, sympathique à l'enseignement de l'économie politique ; il ne goûtait pas plus la vivacité de la polémique économique de Blanqui que ses opinions politiques. Aussi, à la mort de celui-ci, laissa-t-il la succession vacante et le titre de cours d'économie industrielle cessa de figurer sur l'affiche du Conservatoire, malgré les efforts qu'avait faits Wolowski dans le sein du conseil de perfectionnement pour faire émettre un vœu en faveur du maintien de la chaire.

L'enseignement ne disparut pas. Wolowski fit une place plus

large encore que par le passé aux notions pures d'économie politique et leur subordonna complètement l'exposé des lois industrielles, sans cependant s'astreindre, non plus qu'avait fait Blanqui, à une exposition méthodique et enchaînée des principes de la science. A l'époque de la transformation de la législation douanière de la France, il consacra deux années de cours, de 1850 à 1861, à un examen approfondi des tarifs et des effets économiques de la liberté commerciale; ce cours reste au nombre des souvenirs les plus vivants de son enseignement. La parole du professeur était animée, abondante, familière, parfois émue et éloquente. Lui aussi, avec un talent différent de celui de Blanqui, charmait un auditoire nombreux. Il aimait la classe ouvrière sans s'abaisser à flatter les passions de la multitude et sans jamais prendre le ton agressif.

Le ministre de l'agriculture et du commerce avait, à la place du cours d'économie industrielle, créé, en novembre 1854, un *cours d'administration et de statistique industrielles* et avait nommé professeur M. *J. Burat*, qui avait fait apprécier ses connaissances en statistique et en industrie par une collaboration assidue au *Constitutionnel* et par la polémique qu'il y soutenait en faveur du système protecteur. M. Burat a, depuis cette époque, durant vingt-huit ans (de janvier 1855 jusqu'en avril 1882), fait un cours substantiel, partagé en deux années, dans lequel les faits économiques recueillis par la statistique et la géographie commerciale occupent la place principale, et d'où les théories qui expliquent les faits ne sont pas absentes.

Lorsque le gouvernement impérial eut signé le traité de commerce avec l'Angleterre et inauguré, en France, une politique libérale en matière de douanes, il ne pouvait plus bouder la science dont il mettait les théories en pratique; il comprit même l'intérêt qu'il y avait à en vulgariser les doctrines. M. Frédéric Passy avait été autorisé à commencer la série de ses conférences; un économiste avait même adressé au Conservatoire une lettre pour demander le rétablissement de la chaire de Blanqui et se portait candidat. Le conseil de perfectionnement jugea que, puisqu'un enseignement économique était déjà donné dans deux cours, sur un total de quatorze cours, il convenait, non de créer une chaire nouvelle, mais d'investir officiellement de l'enseignement de l'économie politique le professeur qui remplissait déjà cette mission. Le ministre adopta ce sentiment et l'ancien cours de législation industrielle prit, depuis l'année 1864, le titre de *Cours d'économie politique et de législation industrielle*.

C'était la première fois que l'affiche du Conservatoire désignait la science économique sous son véritable nom. *Wolowski* n'eut pas à modifier beaucoup son enseignement pour le placer au niveau de ses nouvelles attributions. Il l'a continué ainsi jusqu'en 1871, ne l'ayant interrompu qu'en 1848, lorsque, nommé représentant du peuple, il se fit remplacer par son ami, le jurisconsulte *Pont*. Il dut l'interrompre de nouveau lorsqu'en 1871, sous la troisième République, le vote des électeurs de la Seine l'eut fait entrer à l'Assemblée nationale.

Il désigna pour son remplaçant M. *E. Levasseur*, qui a fait le cours depuis cette époque et qui est devenu professeur titulaire en octobre 1876, quelques mois après la mort de Wolowski. Le nouveau professeur a repris la tradition de l'enseignement dogmatique. Il avait partagé d'abord son cours en quatre années correspondant à la production, la circulation, la consommation et la législation industrielle; il le partage maintenant en cinq années, divisant la production en deux années, production et répartition. Le cours, qui se fait le soir, de novembre à avril, et qui comprend de 42 à 44 leçons, est disposé de manière à donner chaque année aux auditeurs, indépendamment de la branche qui est spécialement étudiée, quelque notion de la science économique en général. Il est suivi par un auditoire assidu; le nombre moyen des auditeurs a été de 452 pour le cours de 1881-1882 [1]. Le professeur n'a pas encore publié son cours; mais l'esprit de son enseignement et le fonds de sa doctrine se trouvent dans le *Précis d'économie politique* qu'il a composé en vue de l'enseignement secondaire spécial et industriel.

En même temps qu'on rétablissait l'économie politique, le Conservatoire voulut marquer qu'il n'excluait pas pour cela de l'autre cours les notions économiques envisagées par leur côté pratique, et le cours reçut le titre d'*Économie industrielle et statistique*. M. Burat, après vingt-huit ans d'enseignement, a pris, pour la première fois, quelque repos et a désigné pour le remplacer, pendant l'année scolaire 1882-1883, M. *de Foville*, lauréat de l'Institut et directeur de la statistique au ministère des finances.

A ces deux cours consacrés aux études économiques on peut ajouter le cours de *droit commercial* que professe M. *Malapert*, et qui a été institué, comme cours annexe, en 1879, à titre de chaire en 1881.

Voici, comme spécimen, le programme de ces cours pour l'année 1882-1883 :

---

[1] Le nombre total des auditeurs, relevé par l'inspecteur des cours, a été de 18,980; le nombre des leçons a été de 42; la moyenne est de 452. Pour l'année 1880-1881, la moyenne a été de 441.

Économie politique et législation industrielle. — (Les mardis et vendredis, à sept heures trois quarts du soir. M. É. Levasseur, professeur, ouvrira son cours le vendredi 3 novembre.) — Objet des leçons : Notions préliminaires et définitions de la science économique. PRODUCTION de la richesse. La nature et l'homme. Travail manuel et travail intellectuel, instruction, épargne, capital, machines. Corporations et liberté du travail[1].

Économie industrielle et statistique. — (Les mardis et vendredis, à neuf heures du soir. M. J. Burat, professeur, ouvrira son cours le mardi 7 novembre. En cas d'empêchement, M. Burat sera remplacé par M. Alf. de Foville.) — Objet des leçons : L'industrie humaine. Ses moyens d'action. L'exploitation de la terre. Voies de communication et moyens de transport. Rôle de la science dans l'industrie. La monnaie. Le crédit. L'association. L'État et son rôle économique.

Droit commercial. — (Les mercredis et samedis, à sept heures trois quarts du soir. M. Malapert, professeur, ouvrira son cours le samedi 1 novembre.) — Objet des leçons : Des lois dans leurs rapports avec le commerce. Création du fonds du commerce. Des commer-

---

[1] Voici également, à titre de spécimen, le programme détaillé des leçons pour l'année 1882-1883 :

PRODUCTION DE LA RICHESSE. — 1. La science économique, son objet, ses origines. — 2. Définitions générales et introduction à l'étude de l'économie politique. — 3. Utilité et considérations générales sur la production. — 4. Le travail musculaire. — 5. Le travail intellectuel. — 6. Le capital intellectuel. — 7. Le rôle de l'intelligence dans la production. — 8. La propriété industrielle et le brevet d'invention. — 9. L'instruction et l'éducation. — 10. Les systèmes d'instruction. — 11. L'instruction en France. — 12. L'épargne. — 13. Les institutions d'épargne. — 14. La propriété. — 15. Histoire de la propriété. — 16. Les attaques contre la propriété. — 17. Les diverses espèces de capital. — 18. Les services du capital. — 19. Divers emplois du capital. — 20. Le capital circulant. — 21. Le capital fixe. — 22. Les machines. — 23. Suite des machines. — 24. Influence des machines sur l'état des ouvriers et sur le déplacement des intérêts. — 25. La nature, matière et forces. — 26. La propriété mobilière et la propriété immobilière, l'appropriation de la terre. — 27. L'étendue des propriétés. — 28. L'organisation du travail, la coopération et la division du travail. — 29. Entrepreneurs et salariés. — 30. Barbarie et esclavage. — 31. Les corps de métiers en France. — 32. Suite des corporations en France et à l'étranger. — 23. La liberté du travail. — 34. Les effets de la concurrence. — 85. L'association. — 36. Les syndicats. — 37. La classification des industries. — 38. Les diverses industries agricoles et les modes de culture. — 39. Géographie des industries manufacturières. — 40. Suite de la géographie des industries. — 41. Aperçu de la richesse dans le monde et inventaire de la richesse en France. — 42. Résumé.

çants. Des sociétés. Des choses dans leurs rapports avec le commerce. Des monopoles : dessins, modèles, marques de fabrique, brevets d'invention. Des marchés publics et des bourses de commerce. Commissionnaires.

LE COLLÈGE DE FRANCE.

Les amis de l'économie politique auraient désiré, sous la Restauration, que leur science eût droit de cité dans ce sanctuaire des hautes et libres études qui s'appelle le Collège de France. Le Gouvernement de Juillet leur donna satisfaction. Il venait de porter au pouvoir les libéraux ; Jean-Baptiste Say était au nombre de leurs amis. Il n'y avait plus d'objection. L'ordonnance du 12 mars 1831 institua une *chaire d'économie politique* au Collège de France. *Jean-Baptiste Say*, que sa haute autorité dans la science économique désignait naturellement, fut nommé professeur.

Il ouvrit son cours à la fin de l'année, en faisant dans un langage simple l'exposé du programme qu'il comptait développer et qu'il terminait par ces mots : « Nous nous formerons, j'espère, si le temps le permet, une idée exacte des emprunts et des autres ressources financières ; nous nous formerons de justes idées du crédit public, des traitants, de l'agiotage et des amortissements. C'est alors, Messieurs, que vous apprécierez l'avantage de vivre sous un régime constitutionnel, le seul sous lequel on peut librement aborder toutes ces questions et les apprécier sans réticences. »

Mais Jean-Baptiste Say eut peu le loisir de profiter de cette liberté. Il avait alors soixante-quatre ans ; il était fatigué, malade, profondément atteint par la douleur que venait de lui causer la mort de sa femme. Il fit cependant régulièrement son cours pendant une année. Il venait de l'ouvrir pour la seconde fois, quand, le 15 novembre 1832, il tomba frappé d'apoplexie.

L'Académie des Sciences morales et politiques, dont la Convention avait fait une des cinq classes de l'Institut et que le Consulat avait supprimée, venait d'être rétablie par ordonnance du 26 octobre 1832. Elle comprenait cinq sections dont une portait le titre de *section d'économie politique et statistique* (1). Jean-Baptiste Say

---

[1] L'Académie des sciences morales et politiques exerce par ses concours, par les distinctions qu'elle confère et par l'autorité personnelle de ses membres une influence sur l'enseignement, comme sur la direction générale de la science économique. La section d'économie politique et statistique se composait de 6 membres, comme les quatre autres sections. La suppression, par décret du mai 1866, de la section de politique, administration et finances, créée par décret du 14 avril 1855, a porté à 8 le nombre des membres de chaque section (deux

mourut trop tôt pour en faire partie, puisque les élections qu compléièrent la section n'eurent lieu qu'en décembre ; mais l'Académie partagea avec le Collège de France le privilège de désigner un candidat pour le remplacer dans sa chaire. Elle désigna son secrétaire perpétuel, Charles Comte, qui était précisément le gendre de Jean-Baptiste Say. Le Collège de France, de son côté, désigna Rossi, homme considérable dans la politique à Bologne, sa ville natale, puis à Genève, et auteur du *Traité du droit pénal*. Guizot, alors ministre de l'Instruction publique, choisit *Rossi* (14 août 1833) avec lequel il était lié d'amitié et dont il connaissait le talent.

La France y gagna un grand professeur. La jeunesse qui, au début, avait assez mal accueilli un étranger qu'elle prenait pour un favori du pouvoir, ne tarda pas à comprendre ce qu'il y avait de finesse et de distinction sous son débit lent et son accent quelque peu étrange. La science économique a gagné aussi à être enseignée par un homme qui joignait à la netteté des vues l'élévation de la pensée et le charme de la diction.

Dans les deux premières années de son cours, dont une dizaine de leçons seulement ont été recueillies par la sténographie, le maître passa en revue les grandes lois de la science économique relatives à la production et à la distribution de la richesse. « Nous avons donc essayé, disait-il, en ouvrant pour la troisième fois son cours, d'étudier ces deux grands phénomènes, et dans leur développement naturel et direct et dans l'action des causes secondaires qui peuvent

---

membres de la section de politique, administration et finances, le marquis d'Audiffret et M. Vuitry, ayant passé dans la section d'économie politique) et a donné à la quatrième section le titre de : *Économie politique et finances, statistique*. Voici les noms des académiciens qui ont occupé les 8 fauteuils ; ceux des professeurs d'économie politique sont en *italiques*.

Sieyès (1832-1836), *Rossi* (1836-1848), Léon Faucher (1849-1854), *Léonce de Lavergne* (1855-1880), Block (élu le 15 avril 1880).

Talleyrand (1832-1838), Hippolyte Passy (1838-1880), Bonnet (élu le 5 février 1881).

Comte de Laborde (1832-1842), comte Duchâtel (1842-1867), *E. Levasseur* (élu le 4 avril 1868).

Charles Dupin (1832-1873), *Joseph Garnier* (1873-1881), *Courcelle-Seneuil* (élu le 22 mars 1882).

Villermé (1832, a passé à la section de morale en 1851), *Michel Chevalier* (1851-1879), Léon Say (élu le 17 avril 1880).

Charles Comte (1832-1838), *Blanqui* (1838-1854), *Wolowski* (1855-1876), *Frédéric Passy* (élu le 3 février 1877).

Marquis d'Audiffret (1855, membre de la section d'administration et finances — 1878), *Paul Leroy-Beaulieu* (élu le 6 juillet 1878).

Vuitry (élu le 15 mars 1862 dans la section d'administration et finances, doyen de la section depuis la mort de M. Hippolyte Passy, en 1880).

le modifier. En parcourant ce vaste champ, nous avons rencontré de nombreuses et difficiles questions. Nous avons essayé d'en traiter quelques-unes ; il en est que nous avons à peine effleurées, d'autres que nous n'avons pas même abordées. »

Il se proposait d'aborder ensuite l'examen de questions exigeant une discussion particulière ; c'est ce qu'il fit dans les années suivantes, examinant la valeur, la terre et la rente, la population, la liberté de l'industrie, le capital, le salaire. Deux volumes, renfermant les vingt-six leçons du cours de l'année 1836-1837, ont été publiés par l'auteur, de son vivant, à l'aide des notes sténographiques d'un de ses élèves, sous le titre de *Cours d'économie politique* ; un autre volume a été publié par ses fils après sa mort.

Rossi descendit de sa chaire du Collège de France, en 1840, à l'époque où il fut appelé au Conseil supérieur de l'Instruction publique. Il eut pour successeur *Michel Chevalier*.

C'était un jeune homme de trente-quatre ans qui, après avoir été un des plus ardents disciples du Saint-Simonisme, s'était formé à des idées plus saines par le spectacle de la civilisation naissante et déjà vigoureuse des États-Unis ; il avait conservé des premières ardeurs de sa jeunesse le sentiment de l'importance des grandes entreprises de banque et des travaux publics, et il était devenu un des économistes français les plus autorisés par la publication de ses *Lettres sur l'Amérique du Nord*, par son *Histoire et description des voies de communication aux États-Unis*, par ses *Intérêts matériels de la France* et par sa collaboration au *Journal des Débats*.

Michel Chevalier fit sa première leçon le 28 avril 1841. « Messieurs, disait-il au début, la tâche qui m'est confiée ici est de nature à intimider de plus forts et de plus habiles que moi ; je confesse en toute franchise que j'en suis effrayé. Je le suis d'abord, en songeant qu'il y a peu d'années encore cette chaire fut inaugurée par l'homme éminent qui implanta en France l'étude de l'économie politique. Je ne le suis pas moins pour avoir mesuré la responsabilité qui pèse sur moi, car l'économie politique est d'une importance qui va toujours croissant avec celle des intérêts matériels ; le rôle qu'elle joue dans le monde est maintenant au rang des premiers rôles. »

Il montrait dans cette leçon la grande puissance, toute moderne, de l'industrie et il en célébrait les louanges en déclarant que les misères présentes et l'antagonisme des intérêts ne cesseraient que par une meilleure organisation du travail. « En un mot, je rechercherai avec vous quel contingent de lumières la science économique peut fournir pour éclairer les grandes questions dont le siècle est saisi et qu'il est astreint à résoudre sous peine des maux les plus cruels. Vous me trouverez préoccupé d'un problème qui est si étendu et si complexe qu'il résume en lui toutes les autres, d'un problème dont la solution est indispensable pour que la civilisation puisse tenir sa promesse solennelle de faire participer tous les membres de la famille humaine au bien-être, à la dignité, à la liberté. Ce problème est celui qui est posé en ces termes retentissants : l'*organisation du travail*. »

Les purs disciples de Jean-Baptiste Say s'étonnèrent d'abord quelque peu d'un enseignement dans lequel ils croyaient entendre un écho lointain du Saint-Simonisme et qui déplaçait le pivot de la science, en prenant pour fonds principal de l'étude, non les lois naturelles de la richesse, mais les institutions organiques de la société. En effet, Michel Chevalier est du nombre des professeurs qui ne se sont pas astreints à un enseignement dogmatique. Il était surtout homme d'action ; lorsqu'il parlait ou qu'il écrivait, il avait d'ordinaire en vue une réforme à accomplir, une institution nouvelle ou un grand projet à faire comprendre et accepter du public. Les machines, les voies de communication, les travaux publics, la monnaie ont été les principales questions qu'il a traitées et dont la substance se trouve tout entière dans les trois volumes du *Cours d'économie politique fait au Collège de France*, publiés de 1842 à 1850. Ses principes économiques se sont affermis à mesure qu'il se fortifiait lui-même par l'étude et il est devenu le chef de l'école de la liberté douanière, qu'il a beaucoup contribué à faire triompher dans la politique commerciale du second Empire.

La Révolution de 1848 porta au pouvoir le socialisme qui menaçait la société de désorganisation. Les économistes protestèrent courageusement : Léon Faucher dans la *Revue des Deux Mondes*, Michel Chevalier dans *les Débats* et au Collège de France, Blanqui et Wolowski au Conservatoire et jusque dans la Commission des travailleurs au Luxembourg. Le Gouvernement provisoire punit Michel Chevalier de son indépendance et de son bon sens. Par arrêté du 7 avril 1848, il remania tout le Collège de France avec la prétention de faire de ses cours la préparation des élèves de l'École d'administration. Douze cours nouveaux étaient créés, dont cinq portaient le titre d'économie : économie générale et statistique de la population (professeur Serres), économie de l'agriculture (professeur Decaisne), économie des mines, usines, arts et manufactures (professeur Bineau), économie des travaux publics (professeur de Franqueville), économie des finances et du commerce (professeur Garnier-Pagès). Cinq chaires étaient supprimées, entre autres, celle d'économie politique, « attendu qu'il est pourvu autrement à son objet ». Le rapport ajoutait « que l'économie politique est un recueil de systèmes disputés, qu'elle n'a pas le droit de prétendre au nom de science. » Michel Chevalier se trouvait évincé sans autre formalité.

Dans le *Moniteur universel* du 23 avril, le gouvernement essaya de défendre la mesure qu'il avait prise et qui avait soulevé de vives et légitimes critiques. « Il est manifeste, disait cet article, que loin de réduire l'enseignement de l'économie politique, la mesure du gouvernement a pour objet de le développer. L'idée que cet enseignement se serait affaibli parce qu'en se partageant en sections il a changé de titre ne pourrait donc être qu'un effet d'inadvertance. » L'article contenait un programme d'histoire de l'économie politique qui accusait les tendances socialistes des réformateurs et que devait probablement développer le professeur d'économie des finances et du commerce.

C'était une violation des droits du professorat et une atteinte grave à la liberté de l'enseignement. Léon Faucher défendit, à propos du vote du budget, la science et le professorat. « Je trouve étonnant, dit-il dans la séance du 11 novembre 1848, qu'on dise à une science qui a produit des hommes comme Turgot et J.-B. Say, qui a été inaugurée par Adam Smith, qui compte d'illustres autorités à l'heure qu'il est, je m'étonne qu'on puisse dire que cette science n'est pas une science ». L'amendement présenté par Léon Faucher pour rétablir au Collège de France le crédit tel qu'il était avant la suppression des cinq chaires fut voté par l'Assemblée constituante et un décret du 24 décembre 1848 rétablit les cinq chaires supprimées : Michel Chevalier recouvra le droit d'enseigner.

Un second orage ne tarda pas à éclater. L'économie politique luttait à la fois contre les socialistes et les protectionnistes. Dans le Comité des manufactures où ceux-ci étaient tout-puissants, une sorte d'accusation contre les professeurs d'économie politique (Chevalier, Blanqui, Wolowski, Garnier) fut rédigée sous forme de vœu et présentée par le Comité au Conseil général. Les professeurs s'y défendirent, sans espoir de triompher du nombre. « Si vous émettez ce vœu, disait Michel Chevalier, nous le considérerons comme une lettre morte, attendu qu'il est formellement contraire à l'article 13 de la Constitution. » — « On vous cassera aux gages », s'écria un des membres. Le Conseil adopta la première moitié du vœu, portant « que l'économie politique soit enseignée par les professeurs rétribués par le gouvernement, non pas au point de vue théorique du libre-échange, mais aussi et surtout au point de vue des faits et de la législation qui régit l'industrie française ». Il n'adopta pas la seconde partie du vœu qui était conçue en ces termes : « Que dans les chaires publiques et salariées par le Trésor, le professeur s'abstienne rigoureusement de porter la moindre atteinte au respect dû aux lois en vigueur ; de faire naître par ses discours la défiance, la division, la haine entre les citoyens ; d'attaquer les bases constituées de la société et surtout de rien dire qui puisse provoquer à la désobéissance aux lois de l'État et à la résistance à leur exécution ». Le vœu et la menace devaient rester impuissants : les professeurs ne changèrent rien à leur enseignement[1].

Michel Chevalier quitta d'ailleurs bientôt le Collège de France pour s'adonner entièrement aux travaux du Conseil d'État et aux grandes entreprises. Au mois d'avril de l'année 1852, il choisit, pour le suppléer, M. *Baudrillart*, qui avait déjà fait apprécier son talent par ses articles dans le *Journal des Débats* et par des prix d'éloquence décernés par l'Académie française, entre autres par l'Éloge de Turgot. M. Baudrillart a donné pendant douze années consécutives l'enseignement dans la chaire d'économie politique. Il l'a ramené à l'étude des principes, s'appliquant particulièrement à montrer les rapports intimes qui unissent l'économie politique et la morale et divisant son cours en deux parties, une grande leçon qui s'adressait à un public nombreux et une petite leçon qui, plus didactique, n'était faite que pour les disciples. Sa parole lente et mesurée à dessein était claire et les démonstrations s'enchaînaient avec logique et se déroulaient avec méthode. Plusieurs de ses leçons d'ouverture, telles que les Rapports du travail et du capital et le Principe de la propriété, ont été imprimées et une des parties les plus originales de son enseignement se trouve dans le volume des *Rapports de la morale et de l'économie politique*, publié en 1860. Trois ans auparavant, M. Baudrillart avait donné au public son *Manuel d'économie politique*.

« J'offre ici au public, dit-il, dans sa Préface, le résumé aussi substantiel, aussi dépourvu de développements superflus qu'il m'a été possible, des cours d'économie politique que je professe au Collège de France. Appelé, en 1852, sur la désignation de M. Michel Chevalier, à suppléer dans sa chaire l'éminent professeur, j'ai dû parcourir l'ensemble des questions que comporte un tel cours, et revenir sans cesse sur les principes les plus généraux de la science économique. Tout m'en faisait une obligation : mon propre esprit dominé dans ces matières par le besoin de marcher sur le terrain solide des éléments, la nature d'un enseignement s'adressant à la jeunesse des écoles qui, privée de tout autre

[1] La même année, dans le comité des finances de l'Assemblée législative, une proposition fut faite et acceptée par une forte minorité pour la suppression du cours d'économie politique de l'École des Ponts-et-Chaussées.

cours d'économie politique, vient demander avant tout à celui du Collège de France des vues sûres et des directions bien arrêtées. »

En décembre 1866, Michel Chevalier reprit son enseignement. Ce ne fut pas sans un vif regret que M. Baudrillart se vit séparé d'une chaire où il avait fondé par de longs services sa réputation d'économiste. Michel Chevalier resta quinze ans encore au Collège de France. Une partie de ses leçons d'ouverture, la Monnaie et ses Dérivés, Étude sur Adam Smith et l'Origine de la science économique, etc., ont été imprimées dans le *Journal des Économistes*. Mais comme la politique libérale, qu'il travaillait à faire pénétrer dans toute l'organisation industrielle et commerciale de la France, l'absorba sous l'Empire et que, sous la République, les événements le chagrinèrent, son rôle fut moins actif durant cette seconde période de son enseignement. Il se sentait fatigué ; en 1878, il désigna pour le suppléer M. Paul Leroy-Beaulieu, son gendre, qui était devenu son confrère à l'Institut.

Un an après, il mourait (décembre 1879), et M. *Paul Leroy-Beaulieu*, présenté au premier rang comme candidat par le Collège de France et par l'Académie des sciences morales et politiques, a été nommé titulaire de la chaire d'économie politique. Le nouveau professeur divise son cours en deux parties : une petite leçon dans laquelle il a successivement étudié Adam Smith et la Colonisation, et une grande leçon qui a eu pour sujets : la Répartition de la richesse et l'Association. L'*Essai sur la répartition de la richesse et sur la tendance à une moindre inégalité des conditions*, publié en 1881, a été inspiré par ce cours.

En 1864, le ministre de l'instruction publique, M. Duruy, n'avait pas voulu que le Collège de France fût privé du concours de M. Baudrillart. Il avait créé pour lui un cours complémentaire d'histoire de l'économie politique, que le professeur fit pendant quinze mois, de 1865 à 1868 (1er semestre), jusqu'au jour où il fut appelé à d'autres fonctions. M. Baudrillart prit pour sujet l'histoire du luxe qui touchait par certains côtés à ses études de moraliste et son enseignement a été le germe de l'*Histoire du luxe privé et public* qu'il a publiée en quatre volumes.

En 1868, le même ministre de l'instruction publique, préoccupé de la pensée d'un enseignement historique des faits économiques à côté de l'enseignement dogmatique, créa, le 3 décembre 1868, un autre *Cours complémentaire des faits et doctrines économiques* et le confia à M. *É. Levasseur*, qui, au commencement de la même année, avait été élu membre de l'Académie des sciences morales et politiques.

Un an après, la création de la chaire était portée au budget de 1871; mais ce budget fut annulé après la proclamation de la République et ce fut seulement après un nouveau vote que la création figura au budget de 1872, avec le titre abrégé d'*Histoire des doctrines économiques*, qui est demeuré la désignation officielle de la chaire, mais qui répond bien moins à l'intention du fondateur et au caractère véritable de l'enseignement que le sous-titre de *Géographie et Histoire économiques* ajouté sur les affiches du Collège de France. M. E. Levasseur, présenté au premier rang comme candidat par le Collège de France et par l'Académie des Sciences morales et politiques, fut nommé professeur par M. Jules Simon, alors ministre de l'instruction publique.

Dans la première leçon qu'il avait faite en janvier 1869, le professeur avait indiqué le rôle du nouvel enseignement: « Appliquons-nous à chercher dans l'histoire et dans l'examen approfondi de l'état et des institutions économiques des sociétés les secrets de la grandeur ou de la faiblesse des nations. C'est un grand et instructif spectacle que celui des empires et des civilisations, naissant, florissant, disparaissant sur un même sol; là où jadis était accumulée la richesse, où brillaient les arts, où résidait la force, il n'y a plus aujourd'hui que pauvreté ou solitude. Qu'y a-t-il de changé? Le sol n'y est-il plus le même et le soleil ne l'échauffe-t-il plus avec la même libéralité? Il n'y a de changé que l'homme, qui n'a plus le génie de tirer de ce sol les mêmes richesses, ou que les combinaisons sociales, qui ont déterminé vers d'autres parages une activité supérieure et détourné en quelque sorte la sève de l'humanité. C'est aussi une grande et instructive étude que celle des forces productives des différents peuples qui occupent aujourd'hui le globe terrestre et des courants commerciaux qui s'établissent par leurs communications entre eux et qui s'accélèrent, se ralentissent ou changent de direction selon que se modifient les forces relatives de ces peuples et que le génie humain perfectionne les instruments d'échange. »

La même pensée se trouve développée dans une autre leçon d'ouverture. « Dans cette chaire, placée aux avant-postes de la science, nous nous proposons précisément d'éclairer l'histoire par les enseignements de l'économie politique et, plus encore, l'économie politique par l'expérience de l'histoire; nous avons devant nous toute la série des civilisations passées et toute la diversité des civilisations présentes. Continuons à puiser dans le trésor des faits et soyez persuadés, Messieurs, que les grandes lois économiques vous apparaîtront plus solidement fondées, plus incontestables et, si je puis ainsi dire, d'une évidence plus pénétrante, quand elles sortiront de l'histoire comme une conséquence universelle et nécessaire de la vie des sociétés; soyez persuadés aussi qu'à côté de ces grandes lois, plus d'un aperçu nouveau et utile s'ouvrira, quand vous aurez sous les yeux la perspective des institutions, des mœurs et des destinées économiques des nations. »

C'est dans ce but et d'après cette méthode que le professeur a successivement exposé l'histoire du commerce dans les temps modernes, les forces productives des États d'Europe, l'étude du sol de la France, de ses richesses naturelles, de sa production agricole et industrielle, de ses voies de communication, de son commerce, l'histoire et l'état actuel de sa population dont la lente croissance soulève de graves problèmes économiques et politiques, l'histoire de l'industrie française et de l'organisation du travail en France avant et depuis 1789, l'étude des progrès de la civilisation économique en Amérique, et qu'il a traité, durant deux ans, dans une petite leçon, de la statistique appliquée à la démographie.

Voici le programme pour l'année 1882-1883 des deux cours du Collège de France consacrés à la science économique.

Économie politique. — M. Paul Leroy-Beaulieu, Membre de l'Institut, Académie des Sciences morales et politiques, traitera, les vendredis, à trois heures un quart, du *Principe de la population et de ses applications au temps présent*; et les mardis, à la même heure, des *Emprunts publics* et des *Budgets*.

Histoire des doctrines économiques (géographie et histoires économiques). — M. É. Levasseur, Membre de l'Institut, Académie des Sciences morales et politiques, traitera, les jeudis, à une heure et demie, et les lundis, à onze heures et demie, de la *Géographie économique et des forces productives de l'Amérique du nord et particulièrement des États-Unis et du Canada.*

LES ÉCOLES DE DROIT.

Le ministère libéral qui, en 1819, avait créé le premier enseignement public de l'économie politique en France, avait songé à l'introduire aussi dans l'École de droit. Une ordonnance avait été rendue le 24 mars 1819, laquelle divisait en deux sections la Faculté de Paris et créait trois cours nouveaux : cours d'économie politique, qui ne devait pas être obligatoire pour les élèves; cours de droit public positif; cours d'histoire philosophique du droit. Cette ordonnance était demeurée lettre morte. Après la chute du ministère Decazes, elle avait été rapportée par l'ordonnance du 6 septembre 1822 qui remania le système des cours et qui supprima par prétérition plusieurs chaires, entre autres celle d'économie politique.

Plus de trente années s'écoulèrent avant que l'économie politique ne pût rentrer à l'École de droit. Cependant, sous le règne de Louis-

Philippe, des économistes signalèrent plus d'une fois la lacune et l'un d'eux, M. de la Farelle, dans un mémoire lu à l'Académie des Sciences morales et politiques dont il était correspondant, exposait avec force les arguments qui plaidaient pour cette cause. « Une école de droit, disait-il, sans une chaire d'économie politique, dont le cours soit obligatoire et dont l'enseignement fasse partie intégrante de l'examen, me paraît donc une anomalie déplorable que les pouvoirs publics ne sauraient trop se hâter de faire disparaître. » Il demandait même davantage. Convaincu que les classes supérieures ont dans toutes les carrières besoin des lumières de l'économie politique, il proposait « un enseignement large et éclairé des sciences économiques donné : 1° dans les écoles de droit ; 2° dans toutes les Facultés des sciences et des lettres ; 3° dans un nombre croissant d'instituts spéciaux consacrés à l'agriculture, à l'industrie et au commerce ». Il demandait, en outre, que cet enseignement, « rendu plus élémentaire, fût mis à la portée des nombreuses professions vouées à l'œuvre manuelle », comme seul capable d'infuser dans la masse de la population le sens des droits et des devoirs sociaux, et que l'économie politique pénétrât « dans les entrailles du corps politique tout entier par des traités élémentaires, des récits attachants, par des journaux à bon marché, par l'enseignement donné dans les écoles d'arts et métiers, dans les écoles normales primaires et par tous les instituteurs sortis de leur enceinte ».

« La théorie économique, ainsi amenée au rang des connaissances populaires, voilà le plus puissant auxiliaire qu'il nous soit aujourd'hui possible de donner à la religion et à la morale. Puisse-t-elle, à ce titre, obtenir droit de bourgeoisie de la docte Université de France ! C'est le vœu sincère et longuement réfléchi que j'ose placer avec une ferme conviction et une entière confiance sous le patronage de l'Académie des Sciences morales et politiques. »

M. de Salvandy, qui était alors ministre de l'instruction publique, était disposé à accomplir quelques-unes de ces réformes. Déjà, pendant son premier ministère, il avait augmenté le nombre des chaires de droit administratif. Durant son second ministère, il avait institué une commission de hautes études de droit qu'il avait chargée de préparer un projet de loi sur l'amélioration des écoles de droit et sur la création de facultés des sciences politiques et administratives. M. Vergé reçut mission d'étudier, en Allemagne et en Autriche, l'organisation de l'enseignement du droit et des sciences administratives et politiques. Le projet qui contenait, entre autres choses, le rétablissement de la chaire d'économie politique à l'École de droit, fut présenté par le ministre à la Chambre des pairs.

La Révolution de Février éclata avant qu'il n'eût été mis en discussion.

La question resta seize ans encore en suspens. Elle fut agitée à l'Académie des Sciences morales et politiques, à la Société d'économie politique, et le besoin de cet enseignement y fut généralement reconnu : un seul membre de la Société d'économie politique repoussait cet enseignement, comme tout autre, par défiance du monopole. Quelques cours dus à l'initiative privée, celui de M. *Rodière* à la Faculté de droit de Toulouse, celui de M. *Cabantous* à la Faculté d'Aix, furent faits; mais ils durèrent peu et ils n'eurent aucun caractère officiel.

Cependant la politique économique allait se transformer. Le gouvernement avait annoncé l'intention de supprimer les prohibitions. En ouvrant la session législative de 1857, l'Empereur avait dit :

« Lorsqu'une crise survient, il n'est sorte de faux bruits et de fausses doctrines que l'ignorance ou la malveillance ne propagent... Aussi le devoir des bons citoyens est de répandre partout les sages doctrines de l'économie politique. »

Au mois de juillet 1863, la Société d'économie politique, dans sa séance mensuelle, discuta la question de l'enseignement de l'économie politique dans les écoles de l'État, qui avait été posée par M. Joseph Garnier, secrétaire perpétuel de la Société, et à laquelle la sympathie connue du nouveau ministre de l'Instruction publique, M. Duruy, pour l'histoire philosophique et pour les sciences morales semblait donner une certaine opportunité. Les membres qui prirent part à ce débat furent cette fois unanimes à penser que cet enseignement était nécessaire; comme le disait le président dans son résumé : « Ce qui reste démontré pour nous tous, c'est que l'acquisition de saines notions économiques est une des nécessités de l'éducation, nécessité jusqu'ici trop méconnue, mais dont l'opinion publique commence à avoir conscience. »

Mais où placer cet enseignement et quelle extension lui donner? M. Garnier, d'accord avec M. Baudrillart, indiquait la classe de philosophie; M. Levasseur insistait pour la classe de philosophie, à la suite de la morale; il signalait aussi le cours de géographie de la France en rhétorique, où le sens économique pouvait aider le professeur à faire comprendre les notions de statistique, d'agriculture et de commerce [1], et dans l'enseignement supérieur, les éco-

[1] Le programme de géographie de 1852 fut modifié peu de temps après. Mais l'enseignement de la géographie économique fut introduit vers la même époque dans l'enseignement secondaire spécial ; il l'a été ensuite, à partir de l'année 1872, dans les programmes de l'enseignement classique. (Classes d'humanités.)

les de droit; M. Renouard, soutenu par MM. Clamageran et Barral, ajoutait l'École normale supérieure, où l'Université prépare ses professeurs et où cet enseignement lui paraissait particulièremennt important; M. Bertrand demandait qu'il fût introduit dans les écoles normales primaires; M. Batbie pensait que les notions d'économie politique étaient plus utiles encore à l'école primaire et au lycée que dans l'enseignement supérieur et dans l'enseignement des lettres plus que dans celui du droit; MM. Hérold et Garnier, au contraire, appuyaient l'idée de les placer surtout à l'École de droit [1]. Peu de jours après, M. Hippolyte Passy, accompagné de

[1] Dans ce résumé historique, la séance de la Société d'économie politique intéresse assez directement le sujet pour que nous en reproduisions le compte-rendu d'après le *Journal des Economistes* (nº d'août 1863).

« Le reste de la soirée est consacré à l'examen de la question ainsi formulée par M. Joseph Garnier : « De quelle manière pourrait-on introduire l'enseignement de l'économie politique dans les établissements de l'Université? »

« M. Joseph Garnier, invité à prendre la parole, rappelle le rapport fait il y a quelque temps par M. Rouland, ancien ministre de l'instruction publique, sur la nécessité et l'opportunité qu'il y aurait à constituer un enseignement commercial et industriel par l'Université, le rapport tout récent dans lequel M. Rouher, en quittant dernièrement le ministère du commerce et des travaux publics pour prendre la présidence du Conseil d'Etat, a voulu appeler l'attention sur la nécessité de développer l'enseignement professionnel, et sur la part que pouvait prendre son successeur à cette œuvre. M. Garnier rappelle ensuite les récentes mesures qui témoignent du libéralisme et de la bonne volonté de M. Duruy, nouveau ministre de l'instruction publique, qui semble par ses écrits devoir être tout à fait sympathique à l'enseignement de l'économie politique. Il pense, d'accord avec son collègue, M. Baudrillart, qui n'a pu se rendre à la réunion, mais qui lui a communiqué ses idées sur ce sujet, qu'il serait tout à fait opportun et pratique de demander au nouveau ministre l'adjonction au programme du cours de philosophie restauré d'un certain nombre de leçons sur l'organisation sociale et les notions fondamentales de la science économique. Ces leçons compléteraient heureusement ce cours, en initiant les jeunes gens à la pratique de la vie positive dans laquelle ils vont entrer, en mettant dans leur esprit de saines notions à la place des préjugés puisés dans l'enseignement classique ou l'opinion des personnes qui les entourent. Cette partie du cours de philosophie ne tarderait pas à être la plus suivie par les élèves et la plus soignée par les professeurs, au grand avantage de la société, si vivement intéressée à ce que les jeunes hommes entrent dans la vie avec un esprit sain et exactement renseigné sur la nature des choses.

« L'enseignement de l'économie politique serait tout naturellement donné aussi par les professeurs d'histoire, si on les y poussait un peu, au fur et à mesure que se présenteraient les faits historiques, dont la plupart ont des causes et des effets économiques et sont résultés des actes des pouvoirs publics plus ou moins bien inspirés.

MM. Joseph Garnier, Jules Simon et de quelques autres membres, firent, au nom de la Société, une démarche auprès de M. Duruy. C'était la seconde fois que la Société, qui avait déjà agi de même

---

« Les principales notions de la science pourraient ainsi être enseignées sans coûter un centime au budget, par des professeurs, pour la plupart ignorants en ce moment, mais qui ne tarderaient pas à être préparés. Que si l'on vent à créer un enseignement commercial et industriel dans des colléges ou des écoles professionnelles, soit au dedans, soit au dehors de l'Université, il est à espérer que l'on y installera la science économique à la place de science générale ou de philosophie du travail, de l'agriculture, de l'industrie et du commerce.

« M. Levasseur, professeur d'histoire au Lycée Napoléon (Henri IV), partage l'opinion de l'honorable secrétaire perpétuel : il croit, comme lui, qu'il serait bon d'introduire l'enseignement de l'économie politique dans les lycées ; il croit, de plus, qu'il serait possible de le faire dès aujourd'hui, sans bouleverser les programmes et sans altérer en rien le caractère des études universitaires, qu'il faut respecter dans leur ensemble et dans leur esprit, parce que, si elles ne conviennent pas à toutes les fortunes et à toutes les destinées, elles possèdent le privilége, pour ceux qui ont le loisir de les suivre et la volonté d'en profiter, d'ouvrir l'entendement mieux qu'aucune autre méthode et de former des hommes intelligents. Former des hommes, c'est là le but que se propose l'Université, et l'économie politique peut l'aider à atteindre ce but. L'économie politique étudie un certain ordre de phénomènes qui ocupent une large place, la place la plus large, dans les sociétés modernes ; elle en recherche les lois, et elle est à ce titre une partie importante de la philosophie sociale. Comme elle nous enveloppe de toutes parts, elle pénètre, bon gré, mal gré, dans nos habitudes, dans notre langage ; elle franchit les murs des lycées avec nos professeurs, qui apportent dans leur classe quelques lointains échos de la vie du monde. C'est là un progrès naturel, qui se fera de lui-même, sans effort et sans règlement.

« M. Levasseur ne demande pas qu'on crée une chaire spéciale d'économie politique dans chacun de nos lycées ; elle n'y serait pas à sa place, et d'ailleurs il s'agit moins aujourd'hui de surcharger le programme de nos études que de le fortifier en le simplifiant. Mais, outre l'inspiration que le professeur d'histoire puiserait dans la connaissance des principes, et qui, dans plus d'une circonstance, guiderait son jugement et vivifierait sa leçon, il y a deux classes dans lesquelles l'enseignement direct de l'économie politique peut entrer, à des titres divers, dès aujourd'hui, sans qu'il soit besoin d'un remaniement général, et sur un simple règlement émané du ministre : les classes de rhétorique et de philosophie. En rhétorique, les élèves suivent un cours de géographie de la France qui leur est fait une fois tous les quinze jours par le professeur d'histoire, et dans lequel ils reçoivent des notions sur la statistique, l'agriculture, l'industrie, le gouvernement et l'administration de la France. Sans l'économie politique, cet enseignement est nécessairement aride, et, comme tel, il est écourté ; avec la lumière de l'économie politique, quand le professeur s'applique à montrer la loi cachée sous le chiffre, à faire saisir la raison d'être des insti-

en 1847 auprès de M. de Salvandy, s'adressait à un ministre pour lui demander d'introduire la science économique dans les établissements de l'État. Les actes du ministre prouvèrent bientôt que la députation avait été favorablement accueillie[1].

---

tutions et des faits, l'enseignement s'éclaire et les élèves y prêtent une attention soutenue, parce qu'on écoute bien plus volontiers quand on comprend et que l'intelligence aiguise la mémoire, et parce que leurs jeunes esprits boivent avidement les premières connaissances sur le monde réel dans lequel ils sont près d'entrer. Il suffirait d'un règlement ministériel pour introduire cet esprit vivifiant dans le programme de la rhétorique.

« Toutefois, l'économie politique proprement dite n'y serait encore qu'un accessoire ; elle ne figurerait qu'à titre d'explication, et n'apparaîtrait qu'à l'occasion des différentes branches de l'administration et de la fortune publique, dont elle donnerait en quelque sorte la clef. Mais l'étude théorique pourrait être abordée avec succès l'année suivante, dans cette classe de philosophie qui complète le cours des études classiques. Déjà M. Duruy a signalé son entrée au ministère par une mesure que lui a dictée sa longue expérience et qui lui a mérité les sympathies de tous les amis des fortes études ; il a rendu à la philosophie son nom et son importance. Un programme nouveau devra fixer les bases de cet enseignement qui recouvre son ancienne dignité. N'y a-t-il pas là une place toute marquée pour l'économie politique ? Dans l'ancien programme (celui qui existait avant la réforme de 1852), il n'était pas question de l'économie politique. Mais, quoique reine redoutée du monde, elle n'était alors en faveur ni dans le monde officiel, ni dans les lois, ni les assemblées politiques. Les opinions ont bien changé depuis ; on ne méconnait plus ni sa puissance ni ses bienfaits. Or, le professeur de philosophie doit nécessairement entretenir ses élèves de la morale qui constitue une des trois grandes parties de son cours; quand, après avoir parlé de la morale individuelle, il aborde la morale sociale, les droits et les devoirs de l'homme envers ses semblables, les principes qui régissent les sociétés, les lois naturelles qui président à leur organisation, à leur développement, qui oserait aujourd'hui dire qu'il puisse le faire, non d'une manière complète, mais d'une manière qui satisfasse les esprits les moins exigeants, s'il ne dit pas sur quels principes repose la famille, la propriété, le travail, qui sont les premiers fondements de toute société ? Comment le travail ne conduirait-il pas un esprit philosophique à la division du travail, la division du travail à l'échange, l'échange au crédit. M. Levasseur ne croit pas qu'on puisse faire un bon cours de philosophie morale sans entrer de plainpied dans l'économie politique, et sans en exposer les principes les puls généraux. Adam Smith, professeur de philosophie morale, le pensait ainsi, et c'est l'enchaînement logique des idées qui l'a conduit à produire son grand ouvrage sur la *Richesse des nations*. Un

[1] C'est seulement à la séance du mois d'août 1863, lorsque le Bureau rendit compte de sa démarche, que deux membres contestèrent à l'État le droit d'enseigner, disant « qu'il n'y avait rien de plus nuisible aux progrès des sciences que le monopole de l'enseignement par l'État ».

Le cours d'économie politique à la Faculté de droit fut en effet constitué sous le ministère de M. Duruy par le décret qui rétablit la chaire supprimée en 1822 et par celui qui, le même jour, 27

---

de nos professeurs les plus distingués de philosophie, que nous avons eu l'honneur d'avoir pour convive, pense de même, et il a su, dans les étroites limites du programme de logique qui s'imposait naguère à l'enseignement, il a su introduire quelques notions économiques et intéresser ses auditeurs par ces études qui introduisent la variété dans l'enseignement philosophique en le complétant. Faisons des vœux pour que M. le ministre introduise dans son nouveau programme cette facile et importante réforme, en invitant les professeurs à consacrer au travail, à la propriété, à l'échange, au crédit, en un mot aux principes de l'économie politique, quelques-unes des leçons qu'ils auront à faire sur la morale sociale.

« Que, dans l'enseignement primaire, l'instituteur donne à ses enfants quelques notions pratiques sur la loi qui régit les prix et les salaires, et sur quelques points importants où l'ignorance peut conduire à des aberrations : que, dans les lycées, le professeur d'histoire, en traçant la statistique de la France, le professeur de philosophie, en étudiant les lois de la morale, fassent connaître aux jeunes gens les principes les plus généraux de la science et quelques-unes des applications particulières à l'administration de notre pays ; qu'enfin, dans l'enseignement supérieur, et principalement dans les écoles de droit, l'économie politique soit largement représentée et traitée à fond dans un cours spécial : un des plus vifs désirs de notre Société sera pleinement rempli, et un grand bien en résultera pour les générations qui recevront cet enseignement.

« M. Renouard veut aussi appuyer la proposition de M. Joseph Garnier ; mais, préalablement, il veut donner à la Société une nouvelle qu'elle apprendra avec plaisir, la nouvelle qu'un cours d'économie politique vient d'être ouvert au Collège Chaptal, et qu'il est confié à notre ami M. Baudrillart. Une leçon par semaine est donnée à 50 jeunes gens environ de quinze à seize ans. C'est en mettant ainsi progressivement en pratique les bonnes et saines pensées, que ce collège municipal, qui a commencé avec vingt-cinq élèves et en compte mille maintenant, affermit et justifie son succès ; c'est ainsi qu'il a conquis et qu'il gardera une place excellente parmi les établissements d'éducation secondaire. M. Renouard ne se résignerait pas à l'affaiblissement des études classiques ; il pense qu'il est hautement souhaitable qu'elles se fortifient et s'étendent dans nos collèges, sans s'y égarer en bifurcations prématurées, et que leur décadence serait un grand mal pour l'intelligence publique. Mais, à côté des collèges, il y a de larges places à remplir. Puisque l'universalité d'éducation est notre vœu et notre but, nous devons comprendre que tous ne peuvent apprendre les mêmes choses. Au surplus, il s'agit en ce moment d'un ordre de connaissances utiles à tout le monde, et auxquelles nos collègues eux-mêmes gagneraient beaucoup à ne pas demeurer étrangers : ce serait pour eux une infériorité. On vient d'avoir le bon esprit de rendre au cours de philosophie son vrai nom ; quelques éléments d'économie politique y trouveraient naturellement leur place. Il ne faut pas oublier qu'Adam Smith a fondé la science en professant la philosophie morale.

septembre 1864, nomma professeur M. *Bathie*. M. Duruy disait, dans le Rapport sur la création de cette chaire : « L'économie politique est à présent une science complète dont les théories ont

---

« L'ignorance profonde de la grande majorité de la population sur les notions économiques les plus élémentaires est un sérieux obstacle à la maturité de la raison publique. A tous les degrés de l'instruction plus élevés de l'enseignement supérieur, il importe que le vrai sens des mots soit compris et que les idées justes soient énoncées. Des cours d'économie politique trouveraient très convenablement leur place, soit dans les facultés des lettres, soit dans les facultés de droit. Mais c'est surtout, et avant tout, à l'École normale que M. Renouard voudrait voir enseigner cette science. Il ne prétend pas que les jeunes gens destinés à l'enseignement dussent tous être formés à pouvoir professer didactiquement la science économique ; mais il considère une connaissance suffisante des principales vérités économiques comme une de ces conditions essentielles sans lesquelles le professeur ne hasarderait sa parole qu'au péril de ses auditeurs. Lorsqu'il s'agit de la morale, chacun reconnait qu'on est tenu d'en avoir la juste conception pour parler à des enfants, sans qu'il soit besoin de s'être élevé jusqu'au degré d'instruction nécessaire à l'enseignement de la philosophie morale. Il faut aussi savoir bien user des mots de la langue économique, qui se rencontrent à chaque instant dans les leçons et les discours ; on fait un grand mal quand, par ignorance de leur emploi on sème les idées fausses et caresse les préjugés.

« M. BERTRAND, ancien officier de marine, en entendant M. Renouard réclamer l'enseignement de l'économie politique à l'École normale, a tout naturellement reporté sa pensée vers les écoles normales primaires, établissements de première utilité à perfectionner par l'introduction de l'économie politique. C'est par des milliers d'instituteurs que la vérité économique pourrait ainsi se répandre et que les préjugés économiques seraient combattus.

« M. le comte CIESZKOWSKI, député à la diète de Prusse pour le duché de Posen, applaudit à la reconstitution de la classe de philosophie par le nouveau ministre de l'instruction publique. Non-seulement il aime à reconnaître dans le rétablissement de la classe de philosophie dans les collèges un retour aux saines traditions de l'enseignement classique, mais en outre il croit y apercevoir un avant-coureur de l'abrogation prochaine du système de bifurcation, système désastreux qui a déjà fait tant de tort aux études. En effet, autant la spécialisation des études est propice à l'enseignement supérieur, parce que celui-ci s'adresse aux vocations déjà écloses et prononcées, autant elle est défavorable à l'enseignement intermédiaire, qui ne s'occupe précisément qu'à préparer et à évoquer ces vocations. Pour atteindre ce but, il faut évidemment un fonds d'études général et commun. Or, ce fonds d'études par excellence, cette base générale de l'éducation indispensable à l'*homme*, c'est ce que nous appelons *humanités*. — M. Cieszkowski considère les éléments de l'économie politique comme tout à fait compatibles avec l'enseignement moyen. Les élèves de philosophie sont, en général, des jeunes gens de dix-sept ou dix-huit ans, et, à cet âge-là, on est bien capable de comprendre déjà, sinon d'apprécier encore, les leçons de l'économie politique. D'ailleurs, il ne s'agit nullement de l'introduction d'un

été éclairées et affermies par un siècle de discussions dont les applications modifient les conditions les plus vitales de la société moderne.

---

cours complet et spécial de cette science dans les colléges; il s'agit seulement d'en placer quelques leçons dans le cours de philosophie. Sans entrer dans une analyse quelconque de ce cours, il suffit de dire qu'il est le développement des idées du beau, du vrai, de l'utile, du bon, etc., pour y indiquer d'emblée la *sedes materiæ* de notre science. C'est évidemment l'idée de l'utile, — branche de l'idée du bon. — Si l'économie politique a donc sa place toute marquée dans l'enseignement des colléges, à plus forte raison est-elle en droit de revendiquer une place bien autrement importante dans l'enseignement supérieur. Ici, nous revenons en plein à la spécialisation des études. Ce sont donc des cours spéciaux et *complets* à établir, soit dans les facultés de lettres, soit dans les facultés de droit, soit dans les écoles normales ; — partout l'économie politique sera à sa place où elle fait encore défaut aujourd'hui.

« M. Hérold pense que c'est particulièrement aux Facultés de droit qu'il conviendrait de créer des chaires d'économie politique. Les écoles de droit forment des avocats, des administrateurs, des hommes d'État, etc., auxquels il importe spécialement d'enseigner la science. Le projet de loi sur l'enseignement superieur, présenté à la Chambre des pairs en 1847, contenait l'établissement d'une chaire d'économie politique dans chaque Faculté de droit.

(Ici M. Renouard rappelle que ce projet n'a pas abouti par suite des événements, mais qu'il avait été examiné et approuvé par la commission dont il faisait partie. — M. Joseph Garnier ajoute que cette introduction dans le projet ministériel était en partie le résultat d'une démarche faite l'an d'avant, sur sa proposition, par la Société d'économie politique, auprès de M. de Salvandy, ministre de l'instruction publique.)

« M. Hérold, continuant, pense que le moment est venu de renouveler la même demande.

« Le nouveau ministre de l'instruction publique parait vouloir faire entrer l'enseignement dans une voie plus libérale. Il y a, du reste, une raison de plus qu'en 1847 de demander une chaire d'économie politique à l'École de droit. En 1847, il existait à cette École une chaire de droit constitutionnel. Le professeur chargé de ce cours pouvait y faire entrer quelques notions générales d'économie politique *. Cette chaire n'existe plus. Il est d'autant plus désirable que l'enseignement spécial de l'économie politique ait une place à l'École de droit.

« M. Batbie, professeur à la Faculté de droit, pense que si la plus abstraite des sciences, celle des mathématiques, a sa part dans le programme des écoles primaires, des lycées et des facultés, il serait encore plus aisé d'approprier à toutes les intelligences les notions d'une science qui touche aux intérêts de chacun, puisqu'elle a pour objet la production et la répartition des richesses. La vulgarisation de l'économie politique est plus facile que celle de l'astronomie, et cependant les éléments d'astronomie peuvent être enseignés aux

* Ce professeur était l'illustre Rossi.

« Aussi est-elle représentée à l'Institut ; mais elle ne l'est véritablement pas dans notre éducation nationale.

« L'Angleterre a pu traverser une crise épouvantable (c'était à

---

enfants. Il est donc extraordinaire que nos instituteurs primaires ne soient pas chargés de donner à leurs élèves les premières notions d'une science qui est de première nécessité pour toutes les classes de la société ; car l'agriculteur, le commerçant, le capitaliste sont obligés de faire de l'économie politique sans la savoir. Si leur instinct et leur bon sens sont, la plupart du temps, des guides sûrs, les règles éprouvées par la méthode scientifique sont infaillibles. Autant le raisonnement et la réflexion l'emportent sur les mouvements instinctifs, autant la science économique est supérieure aux facultés individuelles ; car la science est la formule de la raison générale, tandis que le bon sens est une faculté personnelle. Tous ont besoin d'en connaître les principes, et cependant il n'appartient qu'à un petit nombre de parcourir tous les degrés d'enseignement. Le plus grand nombre s'arrête à l'école primaire ; beaucoup sortent du lycée pour entrer dans les affaires ; peu s'élèvent jusqu'à l'enseignement supérieur. Ceux qui suivent les facultés sont la pépinière des classes libérales ; or, les avocats, les médecins, les artistes ont de l'économie politique un besoin moins immédiat que ceux qui ont borné leurs études aux deux premiers degrés. Assurément l'économie politique n'est inutile à personne, mais ceux qui suivent les carrières libérales ont à faire de ses principes une application moins fréquente que les agriculteurs, les commerçants ou les capitalistes. Aussi, bien loin de réserver cette étude pour l'enseignement supérieur, il faut l'introduire partout. L'enseignement supérieur ne pourra qu'y gagner, car les élèves, étant familiarisés avec les éléments de la science, les professeurs des Facultés pourront immédiatement entrer dans l'examen approfondi des questions.

« A l'école primaire, M. Batbie ne croit pas qu'il faille réserver l'économie politique pour le degré supérieur ; le nombre des élèves qui prennent ce degré est trop restreint, et, d'ailleurs, les notions élémentaires de cette science peuvent être mises à la portée de ceux qui s'arrêtent au premier degré. Les éléments d'économie politique ne sont pas plus difficiles à comprendre que l'arithmétique. Au lycée, l'économie politique trouverait naturellement sa place dans le cours de philosophie ; car on a fait observer avec raison que l'économie politique fut enseignée par Adam Smith dans une chaire de philosophie morale. Quant à l'enseignement supérieur, c'est à la Faculte des lettres que l'économie politique doit être enseignee, à côté de la philosophie dont elle relève. En Allemagne, le professeur d'économie politique appartient toujours à la Faculté de philosophie. A Tubingue, Munich et Wurtzbourg, une Faculté spéciale donne l'enseignement des sciences morales et politiques ; partout ailleurs ces sciences sont une dépendance de la Faculté de philosophie. M. Batbie reconnaît cependant que, par suite d'une certaine connexité de matières, cet enseignement pourrait rendre des services importants à la Faculté de droit. Il voudrait qu'elle y fût enseignée au point de vue spécial des études juridiques et particulièrement des rapports de l'État avec l'économie politique. A ce point de vue, elle ormerait un complément très utile au cours de droit public et administratif. L'économie politique et la statistique sont en effet des sciences

l'époque de la crise cotonnière), parce que ses ouvriers connaissaient tout ce que nos jeunes gens ignorent encore : les ressorts délicats de la production et de la vie économique. Nos misères de 1848 sont venues de cette ignorance. »

---

auxiliaires de l'administration, et c'est pour cela, tant qu'il n'y aura pas d'enseignement spécial, que dans son cours de droit administratif, il donnera une large place aux motifs économiques des lois. A l'École de médecine, on enseigne, au point de vue médical, la physique et la chimie, qui sont enseignées à la Sorbonne d'une manière plus générale. Par analogie, M. Batbie voudrait que l'économie politique fût professée à la Sorbonne comme au Collège de France dans toutes ses parties, et qu'à la Faculté de droit, elle fut étudiée au point de vue plus restreint des matières judiciaires, et, en particulier, des rapports de l'État avec la production des richesses. Quoique restreint, cet enseignement serait très-étendu, puisqu'il comprendrait la matière si variée de l'impôt, les subventions, l'assistance publique, etc.

« M. Joseph Garnier croit, avec M. Hérold, que l'enseignement de l'économie politique serait d'autant mieux placé aux écoles de droit que les jeunes gens sortant de ces écoles deviennent presque tous des hommes influents, et que l'expérience démontre que, jusqu'ici, ces hommes ont, pour la plupart, mis leur influence au service des préjugés, des monopoles et des opinions les plus arriérées, qu'ils aient appartenu aux partis dits avancés ou aux partis dits réactionnaires. A ce point de vue, et jusqu'à ce que l'enseignement de l'économie politique dans les facultés et lycées fût généralisé et bien positif, il pense qu'il faudrait que les cours d'économie politique des écoles de droit ne fussent pas trop spécialisés. M. Batbie vient de dire que les avocats ont un besoin moins immédiat de savoir l'économie politique que les commerçants, les industriels, les agriculteurs ; M. Garnier pense, au contraire, qu'ils en ont un besoin plus immédiat. Ne sont-ils pas sans cesse occupés, à l'école et au sortir de l'école, de questions concernant le travail, la richesse privée ou publique, la propriété, l'échange, l'association, etc. ? N'est-ce pas par l'école de droit que passent la plupart des hommes politiques ?

« M. Hérold ajoute que si, à la Faculté des lettres, le professeur aura trois cents auditeurs, il en aura trois mille à l'École de droit.

« M. Levasseur croit que l'enseignement de l'économie politique est encore mieux placé aux Facultés de droit qu'aux Facultés de lettres.

« M. Jules Pautet, pensant que l'enseignement économique est aussi nécessaire aux fonctionnaires qu'aux *fonctionnés*, voudrait qu'il partît des plus hauts sommets de l'enseignement pour se vulgariser partout. Les Facultés de droit seules lui semblent assez haut placées pour atteindre le but qu'on se propose. Il demande donc ici, au sein de la Société d'Économie politique, comme il l'a demandé, en concluant, dans un article récent du *Journal des Économistes*, qu'une chaire d'économie politique soit fondée dans toutes les facultés de droit.

« M. Clamageran, avocat, insiste, de son côté, sur la nécessité de créer une chaire d'économie politique à l'École normale. Depuis un quart de siècle l'enseignement historique a pris un grand développement. L'histoire, telle qu'elle est comprise aujourd'hui, est impossible sans la connaissance exacte des prin-

Le professeur ouvrit son cours le 2 décembre 1864, devant un auditoire nombreux qui salua par des applaudissements son entrée : c'était celle de l'économie politique dans les études juridiques.

---

cipes et des phénomènes économiques. Si cette connaissance manque au professeur, il se laissera entraîner dans une voie dangereuse ; par exemple, à propos du règne de Louis XIV, il admirera sans réserve le système réglementaire mis en œuvre par Colbert. Il faut que l'économie politique intervienne pour compléter et rectifier l'enseignement de l'histoire.

« M. BARRAL, directeur du *Journal d'Agriculture*, laisse de côté la question de savoir quelle part il faut faire à l'économie politique dans les différents ordres d'enseignement. Mais il croit qu'il serait urgent que les élèves de l'École normale supérieure, aussi bien que ceux des écoles normales primaires, eussent de saines notions d'économie politique, non pas pour en faire l'objet d'un enseignement spécial, mais surtout pour avoir des idées exactes, et éviter de semer des erreurs dans la jeunesse, lorsque, accidentellement, ils ont à parler de choses qui touchent de près ou de loin à la science économique. Il faut bien constater qu'aujourd'hui, dans toutes les branches de l'enseignement public, les professeurs sont imbus de préjugés des plus complets en ce qui concerne l'économie politique.

« L'économie politique a des rapports intimes avec une foule de questions que les professeurs de tous les ordres sont obligés d'aborder. Malheureusement, dans l'état actuel des choses, par suite de l'absence d'un enseignement suivi par les professeurs, alors qu'eux-mêmes ils étudient, il arrive que quand ils montent dans leur chaire, ils répandent parmi la jeunesse l'erreur au lieu de la vérité, dans un grand nombre de circonstances. De là les plus graves inconvénients pour la population tout entière et de très grands obstacles à tous les progrès économiques. Il appuie donc de toutes ses forces le vœu émis par le président de la Société, en ce qui concerne l'établissement de chaires où les aspirants professeurs seraient forcés de venir étudier l'économie politique.

« M. PAUL COQ considérant que les notions économiques sont comme le pivot sur lequel tourne dans l'administration, dans les sciences, dans les travaux publics, dans la marine, dans la guerre, — sans parler du commerce et de l'industrie, — le monde moderne : elles ne sauraient plus longtemps rester au seuil de l'enseignement donné à la jeunesse et à l'enfance.

« Or, ce n'est pas d'un enseignement réservé aux élèves d'un certain ordre et couronnant en quelque sorte le faîte des études scolaires qu'il s'agit. C'est à la base qu'il faut s'attaquer et opérer si l'on veut faire œuvre de quelque portée. L'enfance, avec ses perceptions nettes et vives, est bien plus apte qu'on ne le croit à se laisser ici pénétrer par la lumière. En procédant comme toujours de l'élément à la synthèse, c'est-à-dire du simple au composé, on aura des élèves qui, parvenus au sommet de la science, auront de ces connaissances exactes, étendues, qui se retrouvent chez le bon grammairien et chez l'adulte auquel les mathématiques d'ordre supérieur et transcendantes sont familières. La méthode étant bonne, les résultats seront les mêmes.

« Ce qu'il faut donc, c'est faire pénétrer de bonne heure, c'est-à-dire par en bas, l'économie politique là où elle est plutôt à l'état de brillante exception

« Si je croyais, dit-il, que ces applaudissements s'adressent à ma personne, je ne pourrais pas me défendre du sentiment que je n'ai, au moins encore, rien fait pour les mériter. Permettez-moi de donner à vos acclamations l'interprétation qui leur convient. Vous avez compris la haute portée de la mesure libérale qui a élevé cette chaire, et vous avez voulu témoigner votre approbation pour l'initiative d'un ministre aux idées généreuses, éclairé et hardi, de cette bonne hardiesse qui consiste à ne pas craindre la responsabilité lorsqu'il s'agit de proposer des mesures progressives. »

Le premier cours, qui comprit quarante-sept leçons, eut pour sujet un exposé général de la science économique. Il se trouve textuellement reproduit dans le *Nouveau cours d'Économie politique professé à la Faculté de droit de Paris* (1864-1865) que M. Batbie publia en deux volumes à la fin de l'année 1865, afin de répondre au désir pressant de ses amis et de donner à son enseignement un premier fonds général ; car dans les années suivantes il abandonna l'exposition dogmatique pour aborder l'histoire des systèmes et des faits économiques, traitant les questions théoriques suivant qu'elles se présentaient.

M. Batbie a continué son enseignement jusqu'au moment où, sous la troisième République, il est entré dans la carrière politique. Il reste aujourd'hui titulaire de la chaire d'économie politique, mais le cours a été fait par des agrégés de la Faculté, d'abord par M. *Boissonnade* qui a, depuis plusieurs années quitté la France pour travailler à la rédaction d'un Code au Japon, en second lieu

---

mondaine que d'enseignement général, sérieux et bien conduit. C'est ainsi qu'on sortira des écoles avec une notion exacte des forces en lutte et en mouvement, des richesses qui se distribuent, de leur agencement beaucoup trop ignoré du grand nombre. La Société d'économie politique, en se montrant ici animée d'un même sentiment, donne la mesure du prix qu'elle attache à la solution de ces questions.

« M. le président résume la discussion en disant : « Beaucoup d'idées utiles se sont produites dans cette conversation. Ce qui reste démontré pour nous tous, c'est que l'acquisition de saines notions économiques est une des nécessités de l'éducation, nécessité jusqu'ici trop méconnue, mais dont l'opinion publique commence à avoir conscience. Les idées fausses dominent encore ; il faut travailler à les bannir des plus modestes écoles primaires comme des enseignements les plus élevés. Nous aurions besoin de prolonger cette discussion si nous voulions approfondir les diverses questions qui ont été soulevées sur les détails d'application. Quelque place que l'on assigne à cette branche de l'enseignement, ce qui importe le plus, c'est qu'elle en trouve une : sa meilleure place serait bientôt trouvée si on la demandait à la liberté. »

« La séance est levée à onze heures et demie. »

par M. *Cauwès*, aujourd'hui par M. *Beauregard*. Après cinq ans d'enseignement, M. Cauwès a publié, sous le titre de *Précis du cours d'économie politique professé à la Faculté de droit de Paris*, un traité en deux volumes, très étendu, dans lequel il étudie non seulement les principes, c'est-à-dire la science pure, mais les affaires et la législation économique, qui a le mérite d'être très nourri de questions de détail et riche en faits consciencieusement étudiés, mais auquel on peut reprocher, non certaines opinions que chaque auteur est libre de produire sous sa responsabilité personnelle devant la science, mais un défaut de simplicité dans le plan et de fermeté dans l'exposition de la doctrine.

M. Cauwès dit avec raison dans sa préface : « L'enseignement économique s'adresse désormais à tous ceux qui se destinent à la magistrature ou au barreau, aux carrières administratives et à la vie politique. Les facultés de droit lui ont en effet été ouvertes et il y est admis *optimo jure* avec la sanction de l'examen. Les économistes n'ont pas été les seuls à approuver cette réforme nécessaire. On aura même quelque peine à comprendre plus tard qu'un ensemble de connaissances, indispensables à tant de titres, ait été si longtemps tenu en dehors des programmes officiels, abandonné aux hasards d'études bénévoles bien souvent superficielles ou mal dirigées. »

Il a fallu cependant encore, après la création du cours d'économie politique à la Faculté de Paris, plus de dix ans avant que les Facultés de province n'eussent le même bénéfice. Les préjugés résistaient. D'une part, les jurisconsultes dédaignaient l'économie politique comme une science creuse, parce quelle ne se fondait pas sur des textes, et, d'autre part, la plupart des champions de la réforme engageaient mal l'attaque en essayant de forcer les portes des facultés pour installer des économistes qui n'auraient pas été docteurs et qui n'auraient pas su le droit ; c'eût été exposer la science nouvelle au dédain des anciens professeurs et parfois même aux moqueries des élèves.

Sous le ministère de M. Duruy, il y eut cependant encore plusieurs actes favorables à l'extension de cet enseignement par les facultés de droit : aux cours déjà existant depuis 1856, fondés et rétribués par la municipalité, la ville de *Marseille* fut autorisée à ajouter un *Cours gratuit et public d'économie politique* (arrêté du 2 mars 1868) ; la création d'un *Cours complémentaire d'économie politique* fut décidée par arrêté du 21 avril 1868 à la *Faculté de Nancy* et le cours, dont M. de Metz-Noblat avait en quelque sorte donné l'exemple, fut confié à M. *Liégeois*, qui avait déjà fait à Nancy des conférences publiques sous le double patronage du munistre de l'agriculture et du ministre de l'instruction publique; enfin un projet fut élaboré pour la création d'un enseignement supérieur des sciences administratives et économiques.

Ce projet consistait à créer dans les Facultés de droit une section nouvelle. On devait y donner l'enseignement pratiqué en Allemagne sous le nom de sciences camérales et réclamé en France à plusieurs reprises, y admettre les élèves sans qu'ils eussent à justifier du baccalauréat ès lettres et instituer comme sanction une licence spéciale dans laquelle le droit romain ne figurerait pas. C'était une sorte de prolongement dans l'enseignement supérieur de la carrière ouverte par l'enseignement secondaire spécial que le ministre avait récemment fondé et un retour aux idées qu'avaient inspiré le projet de M. de Salvandy et l'École d'administration de 1848.

Le projet, après avoir été discuté par le Conseil supérieur, fut soumis au Conseil d'État le 17 juillet 1869, le jour même où M. Duruy quittait le ministère. Il fut défendu devant le Conseil d'État par son successeur, M. Bourbeau, qui se trouvait précisément avoir été, en 1848, à l'Assemblée constituante, un des patrons du projet d'École d'administration. Le président du Conseil d'État combattit le système d'une licence nouvelle, non précédée du diplôme de bachelier ès lettres, comme devant conduire à un abaissement du niveau des études juridiques et administratives, et proposa, au-dessus d'une licence unique, l'institution d'un double diplôme, l'ancien doctorat en droit et un nouveau doctorat ès sciences politiques et administratives. Cette dernière opinion prévalut et le projet fut retiré.

Sous la troisième République, les économistes réitérèrent leurs efforts et le bureau de la Société d'économie politique renouvela auprès du gouvernement la démarche qu'il avait déjà faite, sous l'Empire, auprès de M. Duruy, en faveur de l'enseignement économique. Lorsque la *Faculté de droit* de Lyon fut créée par décret du 29 octobre 1875, elle fut constituée avec dix chaires, dont une fut la *chaire d'économie politique*. Six autres chaires semblables furent instituées dans l'espace d'une année à *Toulouse*, à *Bordeaux*, à *Rennes*, etc. Le décret du 26 mars 1877 compléta la réforme : il rendit obligatoire l'étude de l'économie politique qui avait été jusque-là facultative et la plaça au nombre des matières de l'examen de seconde année. C'est le projet qu'avait réclamé M. de la Farelle en 1846 et la réforme que saluait avec satisfaction, en 1878, M. Cauwès dans la préface de son Précis. Une question se posa au début relativement au choix des personnes pour plusieurs des chaires nouvelles. Fallait-il nommer des économistes éprouvés, mais non munis du doctorat en droit, ou prendre des docteurs en droit n'ayant pas encore la pratique de l'enseignement économique? L'administration tint à n'admettre dans les Facultés de droit que des hommes capables d'être en tout, dans le professorat comme dans l'examen, les égaux de leurs collègues.

Le décret du 28 novembre 1880, déterminant les conditions d'étude et d'admission aux grades de bachelier et de licencié dans les Facultés de droit, a confirmé cette partie de la réforme qui seule pouvait assurer le succès de l'enseignement économique en le faisant entrer dans le cadre des études régulières : le second examen de baccalauréat en droit comprend dans sa première partie le droit romain et l'économie politique et dans sa seconde partie le code civil et la procédure civile.

La conséquence de cette obligation était la création d'un cours d'économie politique dans chaque Faculté. Il y fut pourvu par le budget de 1877 et des années suivantes. Les cours furent confiés à de nouveaux professeurs, à des agrégés ou à des professeurs déjà pourvus d'une autre chaire, lorsqu'il s'agissait de cours complémentaires. Ces cours complémentaires ont été successivement transformés en chaires : Aix et Dijon viennent de l'être en janvier 1883.

La même création de chaires était imposée aux Facultés libres que la loi de 1875 sur l'enseignement supérieur oblige à avoir les mêmes cours réglementaires que les Facultés de l'État.

L'École préparatoire à l'enseignement du droit à Alger a été dotée aussi, à l'époque de son organisation en septembre 1880, d'un cours complémentaire d'économie politique.

En outre, à la Faculté de Paris, un cours de *science financière* a été institué en décembre 1878, sous le ministère de M. Bardoux, et confié à M. Alglave, qui l'a ouvert au mois de janvier 1879 et qui compte aujourd'hui parmi les cours qui attirent un nombreux auditoire. Il fait partie des cours de quatrième année et il est destiné aux élèves du doctorat; ceux-ci peuvent choisir ce cours parmi les matières facultatives sur lesquelles ils ont à répondre.

Il y a ainsi dans les Facultés de l'État quinze cours de science économique, professés par des titulaires ou des agrégés, et cinq cours dans les Facultés libres; en tout vingt chaires où l'enseignement est donné à tous les élèves qui aspirent aux grades.

Plusieurs de ces chaires sont occupées aujourd'hui par des savants qui ont fait leurs preuves en économie politique par les travaux qu'ils ont publiés et par les récompenses dont l'Institut les a honorés. L'un d'eux, M. Ducrocq, est doyen honoraire de la Faculté de Poitiers et correspondant de l'Académie des Sciences morales et politiques. Deux autres, également correspondants, ont composé des traités qui font connaître leur doctrine et leur méthode d'enseignement : M. Worms a publié, en 1880, l'*Exposé élémentaire de l'économie politique à l'usage des écoles*, et M. Jourdan, en 1882, son *Cours analytique d'économie politique professé à la Faculté de droit d'Aix*.

Voici la liste des cours relatifs à l'économie politique dans les Facultés et écoles de droit pour l'année scolaire 1882-1883.

Faculté de droit de Paris. — Économie politique : Professeur, M. BATBIE ; M. BEAUREGARD, suppléant. — Science financière (cours de doctorat) : Professeur, M. ALGLAVE.

Faculté de droit d'Aix. — Économie politique : Professeur, M. JOURDAN.

Faculté de droit de Bordeaux. — Économie politique : Professeur, M. FAURE.

Faculté de droit de Caen. — Économie politique : Professeur, M. VILLEY.

Faculté de droit de Dijon. — Économie politique (cours complémentaire) : Professeur, M. MONGIN.

Faculté de droit de Douai. — Économie politique (cours complémentaire) : Professeur, M. DE FOLLEVILLE.

Faculté de droit de Grenoble. — Économie politique : Professeur, M. RAMBAUD.

Faculté de droit de Lyon. — Économie politique : Professeur, M. ROUGIER.

Faculté de droit de Montpellier. — Économie politique : Professeur, M. GIDE.

Faculté de droit de Nancy. — Économie politique : Professeur, M. GARNIER.

Faculté de droit de Poitiers. — Économie politique : Professeur, M. DUCROCQ.

Faculté de droit de Rennes. — Économie politique : Professeur, M. WORMS.

Faculté de droit de Toulouse. — Économie politique : Professeur, M. ARNAULT.

École préparatoire à l'enseignement du droit, à Alger. — Économie politique : Professeur, M. ESTOUBLON.

Faculté libre de droit, à Paris. Économie politique : Professeur, M. CL. JANNET. — *Faculté libre de droit, à Marseille.* Économie politique : Professeur, M. BERLIER DE VAUPLANE. — *Faculté libre de droit, à Lille.* Économie sociale : Professeur, M. DE GIRARD. — *Faculté libre de droit, à Angers.* Économie politique : Professeur, M. HERVÉ BAZIN. — *Faculté libre de droit, à Toulouse.* Économie politique : Professeur, M. DE PEYRALADE.

LES AUTRES ÉTABLISSEMENTS D'ENSEIGNEMENT SUPÉRIEUR ET D'ENSEIGNEMENT TECHNIQUE.

La première école où l'économie politique ait été enseignée est l'*École supérieure de commerce*, fondée en 1820, par l'initiative d'hommes libéraux, tels que Casimir Périer, Ternaux, Laffitte, Chaptal. Dès 1825, elle avait un cours d'*histoire et d'économie industrielles*, que professait *Blanqui*, alors jeune homme de vingt-sept ans. Il continua ce cours après être devenu, en 1830, directeur de l'école, et, en 1833, professeur au Conservatoire des Arts-et-Métiers. Il avait accueil'i un jeune homme, Joseph Garnier qui ne tarda pas à devenir son secrétaire, puis répétiteur et professeur à l'École. *Joseph Garnier* fit, après son maître, le cours d'économie politique et il l'a continué jusqu'à sa mort, en 1881. Il a eu pour successeur M. *Ameline de la Briselainne*. Deux autres cours, celui de *géographie commerciale* et celui du *commerce* qui sont faits par M. *Périgot*, professeur d'histoire au lycée Saint-Louis, concourent à compléter l'enseignement économique donné à des jeunes gens qui sont formés pour l'industrie et le commerce.

La Chambre de commerce de Paris qui, depuis 1869, administre cette école, a eu la pensée de fonder, d'après un autre plan, un grand établissement qui fût en quelque sorte une faculté libre des sciences commerciales et elle a ouvert, à cet effet, en 1881, l'*École des hautes études commerciales* qui, toute récente encore, a déjà donné des témoignages de l'importance des services qu'elle peut rendre dans cette branche d'enseignement. L'économie politique y est naturellement un des cours fondamentaux. Comme la durée de l'enseignement est de deux années, il y a deux professeurs d'économie politique, MM. *Frédéric Passy* et *Courcelle-Seneuil*. Ils font chacun leur cours en deux années, c'est-à-dire en cinquante-cinq leçons environ, qui leur donnent un champ suffisant pour développer toutes les grandes questions, et ils ont pour auditeurs les mêmes élèves, en première année d'abord, en seconde année ensuite. D'autres cours en relation avec la science économique, comme le droit commercial, la *législation douanière* que professe M. de Foville, le cours de *législation budgétaire et fiscale (budgets comparés des divers États)* dont M. Leroy-Beaulieu a été titulaire et que professe M. *Ch. Letort*, la *géographie commerciale* qu'enseigne M. *Simonin*, concourent à compléter cet enseignement [1].

---

[1] Voici les programmes des deux principaux cours de science économique à l'École des hautes études commerciales.

ÉCONOMIE POLITIQUE (cours de M. Fr. Passy). — Objet du cours. Aperçu

Dans le même groupe d'établissements se placent les *écoles supérieures de commerce* qui ont été fondées, la plupart, à l'image de l'*École de Mulhouse;* celle-ci avait été créée à l'instigation de

---

des phénomènes économiques. Nécessité d'étudier ces phénomènes pour en connaître les lois. — La vie, ses besoins et ses ressources. Son entretien et son développement par l'emploi des forces qu'elle fournit. Le travail. Formes diverses du travail; travail matériel, intellectuel, moral; travail isolé et travail concerté. L'individu et la société. But du travail : la production. Ce que c'est que produire. Utilité naturelle et utilité acquise, gratuite ou onéreuse. Notion de la valeur et du progrès. Principales formes de la production : extraction, culture, transformation, déplacement; matières premières, produits, commerce. — Conditions essentielles d'une bonne production : science et sécurité. Importance économique de l'éducation et de l'ordre. — Mécanisme de la production; division du travail. Sa nécessité, ses avantages. Critiques auxquelles elle a donné lieu. — Vue générale du phénomène; solidarité des professions et des intérêts. L'atelier du genre humain. — Régimes divers sous lesquels s'est accomplie la production ou histoire du travail : esclavage, servage, corporations, réglementation, liberté ou concurrence. Ce qu'elle est au double point de vue du droit et de l'intérêt. Loi morale de la responsabilité; loi matérielle de l'offre et de la demande. — Propriété, conséquence de l'appropriation des choses par le travail et pour le travail. Sa légitimité, sa nécessité, son utilité. Propriété mobilière et propriété foncière. Grande et petite propriété. — Transmission de la propriété (don, vente, héritage), complément indispensable de la possession actuelle. Les œuvres de longue haleine. Aujourd'hui fils, et père demain. — Objections et réponses. La part des déshérités; le patrimoine commun. La communauté progressive et le communisme rétrograde; la proie et l'ombre. — Coup d'œil sur les systèmes qui portent atteinte à la propriété et à la liberté. — Le capital, fruit du travail antérieur, aliment du travail ultérieur. Ses titres, son utilité, son rôle. — Formes diverses du capital. Capital matériel, intellectuel, moral. Capital fixe et capital circulant. Capitaux privés ou capitaux publics ou communs. — Relations du capital avec le travail; intérêt ou loyer du capital; salaire ou loyer du travail. — 1° Intérêt, sa raison d'être, sa fonction; éléments de ses variations. Prétendue stérilité de l'argent; usure et taux légal. — 2° Salaire; sa nature, sa loi. Aperçu des entraves apportées à sa détermination naturelle par le libre débat. Fixation artificielle des salaires; violences légales et illégales; grèves et coalitions. — Combinaisons diverses de l'intérêt et du salaire : rétribution aléatoire ou à forfait, en nature ou en argent, au jour le jour ou à longue échéance. Associations de tout nom et de tout genre : de capitaux, de travail, d'études, mixtes; coopération, participation, assurance. Unité du phénomène sous toutes ses formes; impossibilité de supprimer la dépendance mutuelle et la rémunération en raison des services. — Échange, sa raison d'être; son influence sur le développement du travail et de la prévoyance. Commerce intérieur; commerce extérieur ou division internationale du travail. Conquête graduelle du globe par la mise en commun de ses richesses. Aperçu de l'histoire du commerce et des doctrines économiques en matière commerciale. Importations et exportations. Balance du commerce.

MM. Siegfried, qui ont fait un premier don de 100,000 francs, et constituée sous le patronage de la Société industrielle. La géographie commerciale et économique et l'économie commerciale et

---

Douanes. Expositions universelles. Le marché du monde. Procédés principaux de simplification et de développement du travail et de l'échange : — 1° Machines : leur caractère. Aperçu de leur puissance. Objections et reproches. Leur action émancipatrice et égalitaire. 2° Monnaie ou langue commune des intérêts. Le troc en nature, troc simple, troc circulaire. Les monnaies primitives et la monnaie métallique. Conditions d'une bonne monnaie. Le rôle de l'État. La vraie richesse. — 3° Crédit. Sa nature, sa puissance, ses limites. Billets de commerce et billets de banque. Papier-monnaie, système de Law, assignats. Le papier suppose l'argent. — Consommation : consommations privées et publiques : productives, improductives, destructives, nécessaires utiles, superflues ; louables et blâmables. — La question du luxe. Accord de la morale et de l'intérêt. — Services publics, condition du développement normal des services privés : sécurité, justice, voies de communication, salubrité, etc. — Services communaux, départementaux, nationaux, internationaux. — Dépenses publiques, rétribution des services publics, et moyens d'y pourvoir. — Contributions ; systèmes divers, impôts directs, indirects, proportionnels, progressifs ; etc. — Emprunts, amortissement, coup d'œil sur le système financier des principales nations et comparaison des charges et des ressources. — Le budget de la guerre et le budget du travail. — Résumé ; questions diverses. — Loi de la population. Malthus et sa doctrine. — Assistance. Paupérisme, causes et remèdes. — Assistance privée et publique, travail, liberté, ordre, économie, moralité, sagesse et paix.

LÉGISLATION BUDGÉTAIRE ET FISCALE. (*Budgets comparés des divers États.*) *Cours de M. Ch. Letort.* — Le budget de l'État. — Origine et histoire des finances publiques. — Préparation. — Vote. — Exécution du budget. — Les crédits extraordinaires et les crédits supplémentaires. — Les dépenses publiques. — Les crédits ministériels, l'administration financière et la comptabilité publique. — Les dettes publiques. — L'amortissement. — Les conversions. — La préparation des budgets. — Les ressources du budget. — Revenus publics. — Le domaine public et le domaine privé de l'État. — Les chemins de fer. — Les impôts. — Notions générales sur l'impôt. — Sa nature. — Ses caractères et ses conséquences économiques. — L'impôt unique et l'impôt multiple. — L'impôt proportionnel et l'impôt progressif. — L'impôt sur le capital. — L'impôt sur le revenu. — L'impôt direct. — L'impôt indirect. — Les frais de perception. — Les impôts directs. — L'impôt foncier, la contribution personnelle et mobilière, l'impôt des portes et fenêtres, la patente. — L'impôt sur le revenu des valeurs mobilières. — Les impôts sur le luxe. — Les impôts indirects : les droits d'enregistrement et de timbre, les droits de douane, de statistique, etc. — Les impôts de consommation. — Les produits de la poste et les droits sur les transports. — Les taxes locales. — Budgets des départements et des communes. — Les octrois. — Les dégrèvements d'impôts. — Organisation financière et législation fiscale des principaux pays étrangers : l'Angleterre, l'Allemagne, l'Autriche-Hongrie, l'Italie, la Russie, la Turquie, les États-Unis d'Amérique, etc., etc.

industrielle y étaient au nombre des principaux enseignements de la seconde division. L'école a été fermée depuis que l'Alsace a été séparée de la France ; mais, très peu de temps après, l'*École supérieure de commerce et de tissage* de Lyon, placée sous le patronage de la Chambre de commerce, était créée sur le même modèle et en partie avec le même personnel, puis celle du *Havre*, celle de *Rouen* et d'autres encore. Dans les unes et dans les autres, l'économie politique a été introduite tout d'abord comme une science nécessaire au commerce et comme la seule propre à donner des vues d'ensemble et des idées élevées et justes sur la marche des affaires.

L'État a songé aussi, à plusieurs reprises, à fonder un enseignement dont l'économie politique devait être une des bases : l'enseignement des sciences administratives.

C'est dans ce but que la loi du 3 brumaire an IV instituait une École des sciences économiques qui n'a jamais été fondée et qu'une loi du 2 brumaire an X posait le principe d'une École spéciale de géographie, d'histoire et d'économie politique qui est restée également à l'état de projet.

C'était aussi le plan de Salvandy en 1847. Ce fut, après la Révolution de Février, la raison d'être de l'*École d'administration* instituée en principe par décret du 8 mars 1848, compromise par le remaniement des chaires du Collège de France du 7 avril 1848, vivement critiquée par les Facultés de droit et supprimée par la loi du 9 août 1849 sous le ministère de M. de Falloux, sans qu'on lui eût laissé le temps de rendre les services qu'on était en droit d'en attendre. Cette école n'avait eu que deux promotions et avait compté en tout environ 300 élèves.

Ce fut plus tard le projet d'enseignement supérieur des sciences administratives et économiques que M. Duruy se proposait d'annexer aux Facultés de droit; nous avons dit comment il sombra dans la discussion du conseil d'État. Le même ministre avait, l'année précédente, créé l'École pratique des hautes études, qui est

---

LÉGISLATION DOUANIÈRE. — Le commerce extérieur. — Importation. — Exportation. — Balance du commerce. — Le transit. — Droits protecteurs. — Droits de douanes. — Leur double caractère. — Droits fiscaux. — Droits protecteurs et Droits compensateurs. — Les traités de commerce. — Les tarifs français. — Notions historiques. — Régime actuel. — Tarif général. — Tarifs conventionnels. — Principaux tarifs étrangers. — Droits spécifiques. — Droits *ad valorem*. — Drawbacks. — Admissions temporaires. — Statistiques commerciales. — Commerce général. — Commerce spécial. — Évaluations douanières. — Valeurs officielles. — Valeurs actuelles. — Influence des prix. — Matières premières. — Produits fabriqués. — Marine marchande — Droits différentiels. — Surtaxes de pavillon. — Primes. — Régime des colonies.

restée un de ses titres à la reconnaissance de l'enseignement public, et qui comprenait quatre sections consacrées aux mathématiques, à la physique et à la chimie, à l'histoire naturelle et à la physiologie, aux sciences historiques et philologiques (déc. du 13 juillet 1868).

Un membre de la Société d'économie politique, M. Cieszkowski, lui écrivit pour plaider la cause des sciences camérales et lui représenter l'intérêt qu'il y aurait à fonder, à l'exemple de certain séminaire d'Allemagne, une école pratique pour l'étude de ces sciences. Le ministre fut sans doute sensible à cette réclamation, car un décret du 30 janvier 1869 porta création d'une *Section des sciences économiques à l'École pratique des hautes études* ; on devait y enseigner, en matière d'économie politique, les principes de la science, l'histoire de l'affranchissement du travail, celle des institutions économiques, l'étude de la population, celle de la colonisation et le règlement portait, en outre, l'étude des finances, du droit public et administratif et de la statistique. Les élèves, admis au concours, pouvaient obtenir un certificat d'études à la suite d'un examen de sortie. Le ministère de l'instruction publique qui a manifesté, à notre connaissance, deux fois, la première sous le ministère de M. Duruy, la seconde sous le ministère de M. Jules Simon, quelque désir de s'occuper de cette section, ne l'a jamais organisée et le décret est resté lettre morte.

Tout récemment, au Sénat, la question de la création d'une école d'administration ou d'une faculté des sciences administratives a été agitée, mais sans aboutir à un résultat.

L'initiative privée a d'ailleurs satisfait aujourd'hui sur ce point aux besoins de l'enseignement : l'*École libre des sciences politiques* a été fondée en 1871 ; la libéralité avec laquelle elle a été dotée et le talent de son directeur, M. Boutmy, ont assuré son existence et son succès.

Les sciences économiques y sont représentées par plusieurs cours : cours d'*histoire du développement des doctrines économiques* [1], qui pendant quatre ans (1873-1877) a été un cours d'économie politique pure et que professe M. *Dunoyer* ; cours complémentaire d'*économie politique appliquée*, inauguré en novembre 1882 par M. *Cheysson* ; cours de *statistique* professé par M. *É. Levasseur* qui a compris dans son enseignement, jusqu'en 1877, la statistique de la population, de l'agriculture et de l'industrie, et qui se borne, depuis 1877, à la démographie [2] ; des cours et conférences complémentaires de

[1] Cette chaire a été l'objet d'une dotation spéciale faite par M. Goldsmith.

[2] Voici le programme du cours de démographie de l'École des sciences politiques pour l'année 1882-1883 :

1. Objet et méthode de la statistique. Applications diverses de la statis-

statistique qui ont été faits par MM. *Juglar*, *Loua*, *Yvernès;* cours de *géographie économique* professé par M. *Pigeonneau*; cours de l'*histoire des traités de commerce et de la politique commerciale de la France*, professé successivement par MM. *de Foville* et *Juglar*; cours sur les *finances comparées de la France et de l'étranger*, professé par M. *Paul Leroy-Beaulieu*, qui a tiré de cet enseignement la matière de son *Traité de la science des finances*, en deux volumes, puis, de 1878 à 1882, par M. *de Foville* et aujourd'hui par M. *de Laboulaye*[1].

---

tique aux études sociales. — 2. Publications officielles de la statistique et procédés de la statistique graphique. — 3. Histoire de la démographie, considérée comme une science dont la statistique fournit les éléments. — 4. Histoire de la natalité en France. — 5. Natalité comparée, naissances légitimes et illégitimes, mort-nés. — 6. Histoire de la nuptialité en France, mariages comparés. — 7. Histoire de la mortalité en France. — 8. Analyse de la mortalité. — 9. Mortalité comparée et causes principales de la mortalité. — 10. Décès par âges; dîme mortuaire et tables de survie. Statistique de la population, âge, état civil. Les recensements en France et dans les autres pays. — 12. Conditions physiques de la population : taille, santé, influences climatériques et économiques; paupérisme. — 13. Conditions morales de la population, instruction, suicide, criminalité. — 14. Densité des populations sur le globe et particulièrement en France; causes de la densité; population urbaine et population rurale; accroissement des villes. — 15. Fécondité; augmentation de la population en Europe et dans les autres régions civilisées; équilibre économique de la production de la richesse et de la population; équilibre politique des nations et des races. — 16. L'émigration et les colonies. — 17. La loi de Malthus et les lois expérimentales de la population.

[1] Voici les programmes des cours de science économique à l'École libre des sciences politiques :

STATISTIQUE ET GÉOGRAPHIE ÉCONOMIQUE. M. *Levasseur*, de l'Institut. (1er trimestre, une leçon par semaine, année 1882-1883.) — Statistique et démographie. — Méthodes d'investigation et procédés d'exposition. — Progrès de la statistique de la vie humaine. — Étude comparée des naissances, mariages, décès en France et à l'étranger; tables de survie. — Accroissement de la population.

M. *Clément Juglar*. (2e trimestre, une conférence par semaine, année 1882-1883.) — Transformations successives du système commercial de la France jusqu'à nos jours. — Régime douanier. — Explication des termes usités dans les relevés de l'administration des douanes. — Commerce général et spécial. — Modes d'évaluation. — Admissions temporaires. — Drawbacks. — Marine marchande, etc.

M. *Pigeonneau*, maître de conférences à la Faculté des lettres de Paris (Une conférence par semaine, année 1882-1883.) — 1. Les statistiques commerciales. — Grandes routes de commerce. — La marine marchande de la France et des principales puissances commerçantes. — 2. Relations de la France avec les

De toutes les grandes écoles de l'État, celle des *Ponts-et-Chaussées* est la plus anciennement dotée d'un enseignement économique. Le cours date de 1846 : M. *Joseph Garnier* en a été nommé pro-

---

États européens et les pays baignés par la Méditerranée. — Les grands ports. — Comparaison du commerce extérieur des principaux États. — 3. Le commerce européen en Afrique, en Asie, en Océanie. — Le canal de Suez. — Les Indes, la Chine, le Japon, l'Australie, etc. — 4. Relations de la France, de l'Angleterre, de l'Allemagne avec les États-Unis, le Brésil et les Républiques de l'Amérique du Sud.

ÉCONOMIE POLITIQUE, section administrative. M. *Dunoyer*, conseiller d'État. (Une leçon par semaine, année 1881-1882.) — 1. Premiers rudiments des doctrines économiques au XVIIIe siècle. — Les Physiocrates. — Turgot. — Les doctrines économiques et la Révolution française. — 2. Progrès et constitution des doctrines économiques. — Adam Smith, théorie de la division du travail ; J.-B. Say, théorie des débouchés ; Ricardo, théorie de la rente ; Malthus, théorie des lois de la population ; Charles Dunoyer, théorie de l'ordre progressif des phases économiques ; doctrine des produits immatériels. — 3. Application des doctrines économiques. — Cobden et la Ligue. — La réforme économique en Angleterre. — Bastiat. — Les traités de commerce. — 4. Contradictions. — Sismondi. — Carey. — Protectionnistes. — Socialistes. — 5. Philosophie des doctrines économiques. — Buckle. — John Stuart Mill. — État actuel des doctrines économiques, école apologétique, école historique. — 6. La terminologie économique. — Les définitions en économie politique. — Macleod.

ORGANISATION ET ADMINISTRATION FINANCIÈRES EN FRANCE ET DANS LES PAYS ÉTRANGERS. M. *de Foville*, chef du bureau de statistique et de législation comparée au Ministère des finances, lauréat de l'Institut, suppléé jusqu'à la fin de mars par M. *de Laboulaye*, administrateur au ministère des Postes et des Télégraphes (une leçon par semaine). — (Année 1881-1882.) — 1. *Les impôts* : Notions théoriques sur l'impôt. — Impôts généraux sur la fortune (revenu et capital). — Impôts directs (impôts de répartition et impôts de quotité). — Impôts indirects. — Impôts de consommation. — Impôts sur les transports. — Monopoles exercés ou délégués par l'État. — 2. *Le Crédit public* : Emprunts et dettes. — Amortissement. — Conversions. — Cours forcé.

MM. *Machart* et *Carlier*, inspecteurs des Finances. (Deux conférences par semaine.) Étude détaillée et pratique sur l'administration financière en France. — Comptabilité de l'État. — Comptabilité départementale et communale. — Analyse du décret du 31 mai 1862. — Législation des impôts et organisation des régies financières. — Attributions des agents de chaque administration. — *Nota*. Il sera fait en outre une conférence d'interrogation pour les candidats à l'inspection des finances.

M. *Colmet-Daage*, conseiller-maître à la Cour des Comptes. (Deux conférences par semaine.) — Examen théorique et pratique du décret du 31 mai 1862, au point de vue du contrôle de la Cour des Comptes. — Budget général de l'État ; contrôle judiciaire. — Établissements de bienfaisance et comptabilités spéciales. — Comptabilité-matières.

fesseur à l'époque de la création et y a continué ses leçons jusqu'à l'année de sa mort, en 1881. Avant sa nomination, Joseph Garnier était connu comme professeur, non seulement à l'École supérieure de commerce, mais par le cours qu'il avait professé, en 1842-1843, à l'Athénée royal de la rue de Valois et par la publication qu'il avait faite en 1845 de ses *Éléments d'économie politique.*

Il se gardait, comme il le disait dans la préface, d'imiter les auteurs qui se laissent aller au plaisir de publier, d'une manière trop exclusive, leurs idées de prédilection. « J'ai voulu écrire, si je puis parler ainsi, la grammaire de la science économique, en m'appuyant sur l'opinion des meilleurs auteurs. » M. Dunoyer caractérisait ainsi ce manuel en le présentant à l'Institut : « Je me plais à reconnaître que la science y est très habilement résumée et qu'il se distingue par une grande orthodoxie scientifique. » Ce cours, qui s'adressait non seulement aux élèves de l'École, mais à des auditeurs étrangers munis d'une autorisation, avait en effet pour qualités essentielles l'ordre didactique, la clarté, une connaissance très solide de la littérature économique et une exposition très familière. Le volume de 1845 qui est devenu, à la quatrième édition, le *Traité d'économie politique, sociale ou industrielle*, est l'écho fidèle de l'enseignement de J. Garnier. Il a eu pour successeur M. *Baudrillart*, que cette nomination (nov. 1881), a rendu au professorat, et dont l'enseignement, par son caractère moral et philosophique, est de nature à donner à son auditoire des vues élevées.

La même année, l'École des Ponts et Chaussées s'est enrichie de quelques *conférences sur la statistique* faites par M. *Cheysson* et portant sur les méthodes, la recherche des moyennes, le tonnage et le comptage, la représentation graphique, en un mot sur les questions qui peuvent intéresser l'ingénieur considéré comme producteur et comme consommateur de statistique. Le nombre de ces conférences qui n'avait été que de trois l'année dernière doit être plus grand cette année, en raison de l'importance du sujet.

L'École des Mines a aussi introduit les notions d'économie politique dans un de ses *cours*, celui *de législation des mines, de droit administratif et d'économie industrielle*, qui a eu successivement pour professeurs MM. *Lamé-Fleury*, *Dupont* et *Aguillon* et dans lequel quatre leçons sont consacrées aux prolégomènes de l'économie politique et à la circulation des richesses.

La science économique a eu accès dans l'enseignement des écoles d'agriculture sous la forme pratique et spéciale qui convenait à ces établissements, celle d'économie rurale. Ce cours avait été inauguré à l'*Institut agronomique*, fondé après la Révolution de 1848 et installé à Versailles, par *Léonce de Lavergne*, dont l'enseignement brillant avait attiré un nombreux concours non seulement d'élèves, mais d'auditeurs libres jusqu'à l'époque où, après le coup d'Etat, l'École fut supprimée. Au nouvel *Institut national agronomique* fondé en 1877 et installé à Paris, le cours d'*économie rurale*, qui avait eu d'abord pour titulaire nominal *Léonce de Lavergne*, est fait par *M. Lecouteux*. Le cours d'*économie et de législation rurales* est fait, à Grignon, par *M. Dubost*, directeur de l'École, par *M. Convert* à Montpellier, par *M. Coudet* à Grand-Jouan ; un cours de *législation et économie politique* existe aussi à l'École Mathieu-Dombasle.

L'*École centrale des arts et manufactures* a eu, de 1829 à 1831, un cours d'*économie industrielle* que professait M. *Guillemot*, avocat à la Cour d'appel ; ce cours a été supprimé faute de temps[1]. Il n'a été qu'incomplètement remplacé en 1874, lorsque l'enseignement de l'agriculture ayant été introduit à l'École, on y créa un cours d'*économie rurale*, qui eut d'abord pour titulaire M. *Tisserand*, et que fit, depuis 1878, M. *Risler* ; mais ce cours lui-même a été supprimé lorsque M. Risler a été appelé à la direction de l'Institut agronomique et le programme a été fondu dans le programme de deux autres cours d'agriculture. Cependant les élèves sortis de l'École centrale sont destinés dans des carrières très variées à traiter des intérêts économiques, à conduire des ouvriers, à diriger l'industrie : il serait désirable qu'ils en connussent les lois.

En 1876, l'École d'anthropologie, fondée par M. Broca, put créer six cours au nombre desquels figure le cours de *démographie et géographie médicales*. Le professeur est M. le docteur *Bertillon*, dont l'enseignement se retrouve presque tout entier dans la *Démographie figurée* et dans un grand nombre d'article du Dictionnaire encyclopédique des sciences médicales, et que remplace aujourd'hui son fils, M. *Jacques Bertillon*.

---

[1] Voici ce que M. Comberousse dit au sujet de ce cours dans l'*Histoire de l'École centrale* (nº 55) : « Le cours d'économie industrielle présentait aux élèves les éléments de la théorie générale de l'industrie, sans oublier l'examen des lois instituées pour garantir, modifier ou imposer la propriété industrielle. On y insistait sur la division du travail, sur ses principes et ses effets, sur la nature et les fonctions des divers agents de la production, sur les bâtiments nécessaires à l'exploitation, sur la comptabilité industrielle, sur la circulation des produits, sur les droits de toute sorte qui entravent cette circulation ou qui ont pour but de la protéger. La statistique devait être constamment appelée en témoignage pour donner aux principes exposés toute l'autorité d'un fait expérimental, et les documents fournis par elle devaient être utilisés pour exercer les élèves à dresser des cartes industrielles de la France. »

Déjà, avant 1870, M. Trélat avait introduit dans *l'École spéciale d'architecture* un cours d'économie politique qu'il a confié à M. *Courcelle-Seneuil.*

L'*École normale supérieure* n'a eu un enseignement économique qu'en 1868. On ne songea pas d'abord à le faire entrer régulièrement dans les cadres de cette grande école, parce qu'elle est la pépinière de l'enseignement classique et que l'Université classique n'enseignait pas alors l'économie politique. Le directeur, M. Bouillier, demanda à un ancien élève de l'École normale, M. *É. Levasseur*, qui venait de publier la seconde partie de son *Histoire des classes ouvrières*, de se charger d'un cours qui, ne pouvant figurer ni au budget ni au programme, devait être entièrement gratuit à l'égard du maître et facultatif à l'égard des élèves.

« Je paie, disait le professeur, une dette de reconnaissance à l'école à laquelle je dois ce que je sais, en entreprenant un enseignement que je considère depuis longtemps comme pouvant lui être utile. Ce n'est pas un enseignement dogmatique de l'économie politique que j'essaie, — la tâche serait trop vaste et le temps vous manquerait aussi bien qu'à moi; — c'est une initiation à la méthode de cette science et à quelques-unes de ses vérités fondamentales.

» S'il est bon que tout homme éclairé ait quelque notion de ces vérités pour se former un jugement juste dans les questions sociales, il est indispensable, — c'est du moins ma conviction, — qu'un professeur de philosophie et un professeur d'histoire en soient pénétrés, le premier, parce que les lois de l'économie politique sont étroitement liées aux lois de la morale sociale qu'il a mission d'enseigner, l'autre parce qu'elles sont, surtout pour les temps contemporains, la lumière d'un grand nombre de faits et d'institutions. »

Le professeur commença le cours en janvier 1868 et fit pendant trois ans, tantôt le dimanche, tantôt à la veillée, douze à quinze leçons chaque année, traitant de la production, de l'échange, de la population devant des auditeurs dont le nombre varia d'une dizaine à une soixantaine suivant les sujets. Il le reprit une quatrième fois en 1872 et une cinquième en 1876. Mais ses travaux ne lui permirent pas de le continuer plus longtemps et le ministère ne se décida pas alors à le confier à un autre économiste, étranger à l'école, qui aurait accepté la tâche.

Lorsque les notions d'économie politique eurent pris place dans les nouveaux programmes de l'enseignement secondaire classique, le sentiment changea. On avait craint de surcharger des élèves qui avaient déjà tant à apprendre ; on ne pouvait plus hésiter désormais à leur apprendre ce qu'ils devaient enseigner. Un cours, encore facultatif pour les élèves, mais ayant sa place dans le budget de l'école, fut créé au commencement de l'année 1881 et dût être fait tous les deux ans, de manière que chacune des générations d'élèves pût en profiter. Le maître de conférences est *M. Courcelle-Seneuil* qui, sous l'Empire, avait été le premier à proposer la création d'un cours de ce genre. La doctrine et la science de M. Courcelle-Seneuil étaient connues longtemps avant qu'il ne commençât ces conférences, par le *Traité théorique et pratique d'économie politique*, en deux volumes, qui est lui-même le résultat de son enseignement à l'Institut national du Chili.

LES CONFÉRENCES ET LES COURS POPULAIRES.

Si le gouvernement a longtemps mis en suspicion l'enseignement régulier de l'économie politique, la propagation de la science par des conférences libres et populaires a dû, à plus forte raison, exciter ses appréhensions ; il n'osait ouvrir une porte par laquelle le souffle de la politique pouvait passer et il craignait de voir soulever dans les masses les passions envieuses du pauvre contre le riche et les excitations malsaines au bouleversement d'une organisation sociale que des orateurs représenteraient comme mauvaise et inique. Aussi, pendant que des cours publics et populaires de science, de littérature, d'histoire étaient organisés et prospéraient, les premiers économistes qui avaient essayé de profiter de l'exemple avaient été écartés.

M. *Frédéric Passy* a eu le mérite de forcer cette porte et il s'est fait, par son ardeur à propager la connaissance de l'économie politique, un titre à la reconnaissance de la science. Lorsqu'il se présenta à l'Académie, le rapporteur, qui exposait devant ses confrères les titres des candidats au nom de la section d'économie politique, le caractérisait en le nommant « l'apôtre de l'économie politique ». Au moment où le traité de commerce avec l'Angleterre venait d'être signé et où il importait au pouvoir de permettre la défense de sa politique nouvelle par la propagation des vérités économiques, M. Passy, qui était alors à Pau, demanda l'autorisation de faire des conférences contre lesquelles l'administration ne pouvait plus élever d'objection fondamentale, sans se mettre en contradiction avec sa politique. M. Billault, alors ministre, donna l'autorisation. M. Passy la demandait depuis trois années déjà et, depuis trois années, il avait déjà composé le discours par lequel il devait bientôt ouvrir le cours de Montpellier ; malgré l'appui de Michel Chevalier, qui, ayant été, avec Cobden, l'instigateur et un des négociateurs du traité de commerce, était alors très écouté dans les conseils du gouvernement, il avait échoué jusque-là ; le ministre de l'instruction publique et le ministre du commerce se renvoyaient mutuellement la décision que ni l'un ni l'autre n'était disposé à prendre. Dès qu'il eut reçu l'autorisation, M. Fr. Passy fit, à *Pau*, de mars à mai 1860, les premières conférences publiques d'économie politique. Le temps avait manqué au professeur pour un véritable cours. Mais, la même année, sur l'invitation de Michel Chevalier, qui était président du Conseil général de l'Hérault, M. Frédéric Passy vint inaugurer à *Montpellier* le premier *cours libre d'économie politique;* il fit vingt-neuf leçons durant l'hiver de 1860-1861.

« La première parole, dit-il en ouvrant ce cours, qui doit sortir de ma bouche, au moment où, pour la première fois, je mets le pied dans cette chaire née d'hier, c'est un remerciement pour tous ceux, présents ou absents, connus ou inconnus, qui, à quelque titre et à quelque degré que ce soit, m'ont préparé l'honneur d'y monter.

» La science des intérêts des peuples et des relations sociales, entre autres, n'est pas faite pour demeurer enfermée dans le sanctuaire comme un mystère jaloux; elle est faite pour descendre, comme une lumière allumée d'abord sous le boisseau, mais placée ensuite sur le chandelier, au milieu de la foule qui, sans elle, s'agite en aveugle et se tourmente au hasard Vous l'avez compris, Messieurs, ce sont les savants qui ouvrent le sillon, mais c'est pour tous qu'y germe et mûrit la récolte. »

Lorsque, quelques mois après, le professeur prit congé de l'auditoire qui l'avait suivi avec assiduité, il voulut lui rappeler l'importance qu'avait ce début pour la libre propagation de la science économique : « En faisant surgir au milieu de vous cette première chaire, Messieurs, vous avez fondé en France l'enseignement de la science économique et vous avez, par une impulsion qui ne s'arrêtera plus, commencé à éveiller sérieusement le goût de ces deux choses par lesquelles les sociétés heureuses peuvent durer, par lesquelles les sociétés malades peuvent se relever : la justice et la lumière. »

M. Frédéric Passy a publié, en deux volumes, les *Leçons d'économie politique faites à Montpellier* et recueillies par MM. E. Bertin et P. Glaize. On y trouve la méthode et le ton que le professeur a apportés dans la longue suite de son enseignement. « Ce sont des leçons, dit-il lui-même dans la préface, de simples *leçons* portant, il est vrai, sur les sujets les plus considérables et les plus discutés, mais portant sur un nombre limité de sujets définis; laissant, par conséquent, à côté d'elles, place pour une suite plus longue peut-être d'autres leçons; et marquées d'ailleurs, en elles-mêmes, dans leur forme comme dans leur fond, dans leur développement comme dans leurs lacunes, des inévitables et indélébiles caractères de l'enseignement oral. »

Ce qui distingue, entre autres qualités, l'enseignement de M. Frédéric Passy, c'est l'abondance, la chaleur et un profond sentiment de la valeur morale de l'homme. « C'est par l'action du corps sur la matière que se poursuivent et se réalisent la richesse et le bien-être. Mais les résultats et les procédés n'ont une valeur et une portée que parce qu'ils attestent et traduisent des règles supérieures à la matière ; et, si l'action de l'homme modifie le monde et le plie à son usage, c'est parce qu'elle émane d'une âme qui domine et dépasse le monde et le corps. »

Durant les deux années suivantes (1861-1862 et 1862-1863), M. Passy fit un cours du même genre à *Bordeaux*, sous les auspices de la Société philomathique. Ce cours, suivi par un grand nombre d'hommes considérables de Bordeaux, devint une sorte de manifestation économique en faveur de la liberté du commerce.

En 1863-64 et en 1864-65, le professeur se transportait à *Nice* et inaugurait dans cette ville la série des conférences par son cours d'économie politique. A *Nancy*, il exprimait dans une conférence faite en 1864, à l'époque de l'inauguration de la nouvelle Faculté de droit, le regret que cette Faculté n'eût pas une chaire d'économie politique et il déterminait M. *de Metz-Noblat*, avocat et auteur d'une analyse des phénomènes économiques, à entreprendre un cours libre qu'il fit dans une des salles de la Faculté et dont il a publié la leçon d'ouverture.

Paris restait encore fermé. Le président de l'Association polytechnique était alors M. Perdonnet, qui ne manquait pourtant pas de hardiesse dans ces matières, et qui avait inauguré, en 1860, les conférences publiques et gratuites dans le grand amphithéâtre de l'École de médecine. M. Frédéric Passy lui fit des propositions ; mais le président hésitait devant les mots de travail et de capital qu'il croyait gros de tempêtes. M. Passy proposa le titre de « machines » qui ne pouvait déplaire à un des plus énergiques promoteurs des chemins de fer, et il fut autorisé, en 1864, à faire à la section de l'École de médecine deux conférences sur les machines. Elles ont été imprimées sous le titre de *Les Machines et leur influence sur le développement de l'humanité.*

L'innocuité et le succès de cet essai déterminèrent M. Perdonnet à faire une part plus large à l'économie politique. D'ailleurs le Ministre de l'Instruction publique avait ouvert, en 1864, les *soirées de la Sorbonne* dans lesquelles plusieurs conférenciers, *MM. Batbie, Levasseur, Passy* entre autres, avaient traité des questions relatives à la science économique. Un groupe d'économistes se forma sous les auspices de M. Perdonnet et de l'Association polytechnique, avec le concours de M. Marguerin, directeur de l'École Turgot ; on s'entendit pour faire une série de conférences constituant un ensemble de notions sur l'économie politique. Ces conférences eurent lieu, en 1865-66, à l'École Turgot. En voici les titres :

Économie industrielle, par *Joseph Garnier*.

Le Capital, par *Baudrillart*.

Travail et salaire, par *Batbie*.

Intérêt et usure, par *Courcelle-Seneuil*.

Corporations et liberté du travail, par *É. Levasseur*.

Sociétés coopératives, par *Jules Duval*.

Échange et monnaie, par *Wolowski*.

Crédit, par *Paul Coq*.

Liberté commerciale, par *F. Passy*.

La même année, l'infatigable M. Passy faisait, à l'École de médecine, un cours libre d'économie politique, en onze leçons.

L'année suivante (1867-68), une nouvelle série de conférences s'était faite dans le grand amphithéâtre de l'École de médecine sous les auspices de la même Association polytechnique, et par les mêmes personnes, auxquelles se joignirent quelques nouveaux professeurs, entre autres *M. Hora*.

Ces deux séries ont été publiées sous le titre de : *Association polytechnique, Cours d'économie industrielle*, recueilli et publié par Évariste Thévenin. Dans cette œuvre chaque professeur a apporté ses qualités propres ; mais plusieurs, en cherchant à défendre leurs opinions particulières sur certaines questions, ont accusé des divergences qui ont nui à l'harmonie de l'ensemble et à l'action que l'effort commun aurait pu exercer sur l'opinion publique.

Sur un autre théâtre, à l'*Asile impérial de Vincennes*, un système de conférences avait été organisé à peu près en même temps, en partie par les soins de M. Marguerin, sous le patronage de l'Impératrice, pour occuper les loisirs des convalescents. Des économistes prirent part à cette nouvelle forme de propagande, *Baudrillart*, *Wolowski*, *Levasseur*, *Garnier*, *Lacollée*, *Jules Duval*.

M. *Rondelet*, professeur de philosophie à la Faculté des lettres de Clermont, et auteur de plusieurs ouvrages relatifs à la morale et à l'économie, politique fut autorisé à faire à la Faculté de Clermont un cours libre d'économie politique, puis il reçut une mission ministérielle pour propager les doctrines économiques par des conférences populaires qu'il fit dans plusieurs villes, notamment à Marseille, à Saint-Quentin, à Rouen, à Rive-de-Gier. En 1865, plusieurs cours libres furent autorisés à Paris : M. *Francolin*, M. *Léon Walras* qui fit, au Cercle des sociétés savantes du quai

Malaquais, trois leçons sur les associations ouvrières, et M. *Courcelle-Seneuil* qui fit dans le même local un cours méthodique de science économique. On peut citer encore, pour cette période, le cours libre de M. *Rozy* à la Faculté de Toulouse ; les conférences de M. *Pautet* à Paris, de M. *Derivaux* à Angoulême ; plus tard, ceux de M. *Moullart* à Amiens et de M. *Lebrun* à Saint-Étienne.

La porte était désormais ouverte largement et l'élan était donné. Il est impossible et il serait superflu d'énumérer tous les cours et conférences qui en furent la conséquence.

Il suffit de citer quelques noms de professeurs et d'institutions parmi les plus marquants. En 1877, des *cours* désignés sous le nom du fondateur, M. *Bamberger*, ont été ouverts à la mairie de la rue Drouot : M. *Courtois* y a fait, en 1877, un cours d'économie politique ; M. *Ch. Letort*, en 1879, puis M. *Simonin*, depuis 1880, un cours d'*économie politique appliquée*, dans lequel il a traité du commerce l'an dernier, il traite cette année de l'industrie et il traitera l'an prochain des finances. Ces cours sont destinés principalement aux employés de commerce et sont suivis par deux cents jeunes gens environ qui assistent non seulement comme auditeurs de passage mais comme élèves, et dont une quarantaine environ remettent des devoirs, sont interrogés et passent un examen à la fin de l'année. Il y a aujourd'hui trois cours en comptant celui de M. Simonin : le droit commercial qui a été professé par M. *Lyon-Caen* et qui l'est par M. *Renault*; la géographie commerciale qui a pour professeur M. *Pigeonneau*.

A la même mairie, sous les auspices de l'Association philotechnique, M. *Ch. Letort* a fondé un *cours public et gratuit d'économie politique* qu'il y professe depuis 1875 ; ce cours est devenu un *cours d'économie politique appliquée et finances* depuis 1880, époque à laquelle M. *Courtois*, secrétaire perpétuel de la Société d'économie politique, a commencé dans le même local et pour la même Association un *cours d'économie politique élémentaire*.

A Lyon, M. *Dameth*, professeur à l'Académie de Genève et correspondant de l'Institut, a fait, pendant plusieurs années, depuis novembre 1861, sous les auspices de la Chambre de commerce, un cours dont la substance se trouve dans son *Introduction à l'étude de l'économie politique*. A Bordeaux et à Bayonne, M. *Lescarret* a fait des conférences qu'il a également publiées; il est aujourd'hui professeur d'un cours d'économie politique, régulièrement constitué à Bordeaux par la Chambre de commerce, et à la suite duquel des diplômes sont délivrés aux disciples les plus méritants. A Orléans, depuis 1877, puis à Chartres et à Versailles, M. *Rabourdin* a fait plusieurs séries de conférences; à Paris

M. *Georges Renaud*, à Corbeil M. *Léon Philippe*, à Reims M. *F. Cadet*, à l'hôpital Saint-Louis et à Vincennes M. *Brelay*, dans les cercles catholiques d'ouvriers M. *Rondelet* ont contribué à répandre la connaissance de la science.

L'enseignement des femmes a même, à Paris, participé à ce mouvement, grâce à Mlle Malmanche. Cette création est digne de remarque, en ce qu'elle a fait passer avec succès quelque connaissance de la science jusque dans des régions voisines de l'enseignement primaire. Déjà, avant 1870, Mlle *Luquin* avait eu la pensée d'introduire quelques notions économiques dans son cours de comptabilité à Lyon. En 1872, Mlle *Malmanche* les introduisit effectivement dans le cours municipal d'enseignement commercial qu'elle avait fondé sous le patronage du maire du troisième arrondissement; les examens, institués depuis 1875 (faits successivement par MM. Levasseur, 1875 et 1877, Garnier, 1876, Fr. Passy depuis 1878, et Ch. Letort, depuis 1881), ayant démontré que les jeunes filles pouvaient comprendre ces notions, l'enseignement de l'économie politique a été officiellement adopté pour le degré élémentaire (2me année) sous forme détournée et avec ce titre : Français (correspondances et rédaction économiques) et pour le degré supérieur (2me année) directement sous le titre de *Notions d'économie politique* (1 heure par semaine). Le programme indique sagement que « ces leçons, qui n'embrassent que les grandes lignes et les vérités économiques généralement acceptées, seront pour ainsi dire la morale de l'enseignement commercial » et que « la maîtresse devra laisser de côté les définitions savantes et parler aux élèves un langage simple et clair de nature à être facilement compris[1]. » En 1882, ces cours municipaux d'enseignement commercial sont organisés, sous la surveillance de Mlle Malmanche.

---

[1] Le programme des Rédactions économiques porte :

RÉDACTIONS ÉCONOMIQUES. — Utilité et fonctionnement des caisses d'épargne. — Caisse des retraites pour la vieillesse. — Sociétés de secours mutuels. — Sociétés coopératives de production, de consommation et de crédit mutuel. — Inventions, découvertes et grands travaux du siècle. — Les chemins de fer, le télégraphe électrique. — Le percement de l'isthme de Suez, le percement du mont Cenis. — Transformation des habitudes commerciales. — Développement du crédit, augmentation du bien-être.

Le programme des Notions d'économie politique porte les titres suivants :

Utilité pratique de l'Économie politique. — Lois de la production. — Division du travail. — Capital. — Des machines. — De la propriété. — Lois de la distribution. — L'échange. — Valeur. — Prix. — Monnaie. — Crédit. — Répartition des produits. — Lois de la consommation. — Moralité des notions de travail et d'épargne (avec un développement pour chaque titre).

inspectrice, dans douze arrondissements, et dans trois autres arrondissements il y a, sous la même surveillance, trois cours semblables subventionnés par la Chambre de commerce. Ils ont lieu le soir, dans des écoles communales ; 200 jeunes filles environ suivent le degré supérieur et peuvent, après un examen écrit dans lequel figure une composition d'économie et de législation, et un examen oral d'économie, obtenir un certificat d'études commerciales.

Des cours semblables, dans lesquels l'économie politique figure aussi, à raison d'une heure par semaine pour la 2me année du degré supérieur [1], ont été organisés plus récemment pour les garçons et fonctionnent en 1882 : ils sont placés sous la surveillance de *M. Porcher*, directeur de l'école Turgot.

Aujourd'hui, dans plusieurs des sections de l'Association philotechnique, de l'Association polytechnique et de l'Union de la jeunesse à Paris, dans les cours de la Société pour l'enseignement professionnel du Rhône, et dans le cours de la Société d'économie politique à Lyon, dans ceux de la Société philomathique à Bordeaux, dans ceux de la Société industrielle à Saint-Quentin, à Reims, à Amiens, l'enseignement de l'économie politique a conquis une place. Toutes ne sont sans doute pas encore occupées à poste fixe ; néanmoins cette extension a donné à la science de nombreux collaborateurs que leur nombre même nous empêche de nommer, mais qui sont d'autant plus méritants que leurs services sont pour la plupart gratuits, quoiqu'ils comptent parmi les plus utiles puisqu'ils s'adressent d'ordinaire à une classe de la population que la société a le plus grand intérêt à éclairer sur ces matières.

L'ENSEIGNEMENT SECONDAIRE.

Des économistes ont réclamé longtemps avec insistance l'introduction de l'économie politique dans les lycées et collèges ; mais ils avaient le tort de réclamer en même temps un changement radical dans le système des études, et l'Université n'était pas disposée à les écouter. Ils pouvaient cependant lui rappeler que le décret de la Convention du 7 ventôse an III instituait en principe un enseignement de l'économie politique et de la législation dans toutes les écoles centrales.

Ce n'est qu'en 1872 que M. Jules Simon, voulant réformer par de sages améliorations et sans bouleversement les études classiques, introduisit dans le projet de programme de la classe de philosophie quelques éléments d'économie politique ; cette partie

[1] Les titres du programme sont : Notions préliminaires. — Production. — Échange des produits (avec un développement pour chaque titre.)

avait été rédigée ou revue par trois de ses confrères de l'Académie. On sait que la plupart des réformes proposées par M. J. Simon échouèrent devant le Conseil supérieur.

Cependant la réforme de l'enseignement géographique, dont on comprenait mieux l'importance, subsista. Les programmes, dans les classes d'humanités, comprirent désormais, à côté de la géographie physique et politique, la géographie économique. L'expression était nouvelle, comme devait l'être l'enseignement. La Commission de géographie, dont M. É. Levasseur était le secrétaire, et qui avait préparé ces programmes, pensait que l'introduction de notions raisonnées sur les produits du sol et de l'industrie et sur le commerce des nations pouvait à la fois rendre plus fructueuse l'étude de la géographie et éveiller chez les élèves le sens des relations économiques.

Lorsqu'en 1880, sous le ministère de M. J. Ferry, le Conseil supérieur discuta les programmes par lesquels devait être accompagnée la réforme universitaire, M. J. Simon, membre du Conseil, proposa, conformément au dessein qu'il avait formé pendant son ministère, l'introduction de l'économie politique dans la classe de philosophie. Cette opinion fut accueillie par le Conseil et les nouveaux programmes de l'enseignement secondaire classique portent, à la suite de la morale :

« *Notions d'économie politique.* — Production de la richesse. Les agents de la production : la matière, le travail, l'épargne, le capital, la propriété.

« Circulation et distribution des richesses. L'échange, la monnaie, le crédit, le salaire et l'intérêt.

« Consommation de la richesse : consommations productives et improductives. La question du luxe. Dépenses de l'État. L'impôt, le budget, l'emprunt. »

L'enseignement a donc aujourd'hui une place dans les lycées ; c'est celle que nous demandions pour lui depuis quinze ans. Elle est modeste, mais suffisante. On ne peut pas prétendre tout enseigner à des lycéens ; il importe moins de leur expliquer tous les problèmes économiques que de leur donner quelques principes solides et justes comme fondement des connaissances qu'ils pourront acquérir plus tard. Reste maintenant aux professeurs de philosophie à se pénétrer eux-mêmes assez de l'esprit de ces principes pour pouvoir les enseigner ; l'École normale les y préparera désormais. Ce n'est que par exception qu'on peut rencontrer un économiste tel que M. Fr. Passy se dévouant pour donner les leçons de ce genre dans un lycée.

Il y a, à Paris, un établissement d'enseignement secondaire où l'économie politique a été de très bonne heure une des matières du programme. C'est le *collège Chaptal*, dirigé par M. *Monjean* qui s'était fait connaître, dès 1840, par ses travaux économiques. Dans ce collège qui, comme établissement municipal, est en dehors des règles universitaires et dont le type original tient à la fois de l'enseignement classique et de l'enseignement industriel, un *cours d'économie politique* a été institué dès l'année 1863, et a été fait d'abord par M. *Baudrillart*, puis par MM. *Baudrillart* et *J. Garnier*. M. Garnier faisait aussi le cours de droit commercial, confié aujourd'hui à M. *Ch. Letort*. Au sommet des études du collège Chaptal il y a encore aujourd'hui un cours d'économie politique. M. *Fr. Passy*, qui en est le professeur, consacre à chacune des deux divisions une vingtaine de leçons qui lui suffisent pour donner, sous forme d'entretien familier, des notions sur l'ensemble de la science.

En 1864, M. Marguerin, à la suite d'une mission pédagogique en Angleterre faite en compagnie de M. Motheré, publiait un rapport au préfet de la Seine intitulé : *De l'enseignement des classes moyennes et des classes ouvrières en Angleterre*. Il y insistait sur l'utilité de donner à ces classes, comme on le faisait en Angleterre, un enseignement économique, et, pour appuyer sa proposition, il y joignait le programme d'un cours d'économie industrielle qu'il avait demandé à M. Levasseur de rédiger en lui donnant, autant que possible, un caractère simple, pratique et historique [1].

---

[1] « Si complet que soit le programme des études de l'École Turgot, il nous semble, monsieur le Préfet, qu'un cours d'économie industrielle viendrait bien utilement y prendre place. Tout ce que nous avons vu en Angleterre nous a confirmé dans l'idée, déjà ancienne pour nous, des avantages qu'on peut retirer d'un cours de cette nature dans les écoles destinées aux classes moyennes... Le moment n'est-il pas venu où l'on pourrait sans danger introduire chez nous cet enseignement ?... Il s'y associerait très bien, d'une part, à l'histoire dont certaines parties ingrates et difficiles prendraient un nouvel intérêt, et de l'autre aux notions de législation comprises dans le cours de comptabilité qu'il expliquerait en les dominant. » (De l'enseignement des classes moyennes et des classes ouvrières en Angleterre. — Rapport présenté à M. le sénateur préfet de la Seine par MM. Marguerin, directeur de l'École municipale Turgot, et Motheré, professeur à l'École militaire de Saint-Cyr et au lycée Charlemagne, 1864, p. 226.) — Suit le *Programme d'un cours élémentaire d'économie industrielle* en 30 numéros : 1. Définition de l'économie politique. — 2. De la production en général. — 3. De la distribution en général. — 4. L'économie industrielle. — 5. Des entreprises industrielles en général. — 6. De l'instruction professionnelle. — 7. De la propriété industrielle. — 8. Du capital. — 9. Des diverses espèces de capitaux. — 10. Des associations. — 11. Des machines — 12. Des

L'année suivante, le ministre de l'Instruction publique, M. Duruy, obtenait le vote de la loi du 21 juin 1865, qui créait l'enseignement secondaire spécial, lequel était, en réalité, un enseignement général approprié aux classes moyennes de l'industrie, de l'agriculture et du commerce, et qui aurait pu s'appeler enseignement industriel. L'enseignement économique devait nécessairement y avoir une place. Cependant, les programmes provisoires publiés au *Journal officiel de l'Instruction publique* du 7 octobre 1865 indiquent bien pour la quatrième année : « Notions de morale, de droit commercial et d'économie industrielle et rurale, une heure 1/2 par semaine », ce qui était bien peu ; mais, dans le programme détaillé qui suit, l'économie était omise.

M. Baudouin, inspecteur général de l'enseignement primaire, chargé par le ministre de préparer les programmes définitifs, demanda alors à M. Levasseur de rédiger ce programme d'économie à peu près tel qu'il l'avait fait pour le rapport de M. Marguerin ; cependant, le rédacteur étendit la partie commerciale, développa les notions préliminaires et ajouta, puisque ce programme s'adressait à toute la France, une partie d'économie rurale que retoucha M. Morny de Mornay, directeur de l'agriculture. Ce programme est celui qui figure dans les programmes officiels envoyés aux recteurs le 6 avril 1866. L'économie rurale, industrielle et commerciale avait gagné d'avoir pour elle seule une heure par semaine. « Ce cours, disait l'instruction, est en quelque sorte la philosophie des professions industrielles ; c'est pourquoi il a été placé au terme des études de l'enseignement spécial ». Malheureusement ce terme, c'est-à-dire la quatrième année, n'existe que dans un nombre restreint d'établissements et trop peu d'élèves ont pu y profiter de l'enseignement économique.

M. Levasseur avait été chargé également par M. Baudouin de préparer les programmes de géographie pour la seconde et pour la troisième année et il y avait introduit la géographie économique ; les motifs qui devaient la faire admettre plus tard dans

---

profits. — 13. Des salaires. — 14. Des diverses législations qui ont régi le travail. — 15. De la liberté du travail. — 16. Des grandes institutions industrielles de la France moderne. — 17. Des associations ouvrières. — 18. Le commerce. — 19. Commerce par terre et par mer. — 20. De l'histoire des tarifs. — 21. La monnaie. — 22. Le papier-monnaie. — 23. Des voies de communication. — 24. Du crédit. — 25. Du crédit commercial. — 26. Banque. — 27. Banque de France. — 28. Autres grandes institutions de crédit en France. — 29. De l'influence de l'épargne. — 30. Conformité des lois morales et des lois économiques.

l'enseignement classique lui paraissaient, à plus forte raison, déterminants lorsqu'il s'agissait de former des industriels.

Les programmes de 1866 avaient été développés à dessein afin de guider dans un enseignement nouveau des maîtres inexpérimentés. Ils furent trouvés longs et compliqués. Ils ont été remplacés par les nouveaux programmes officiels de 1882, qui sont plus simples. Dans ces nouveaux programmes, qui commencent à être mis en pratique, on ne s'est plus cru obligé à employer la périphrase d'économie rurale, industrielle et commerciale, qu'on regardait encore comme un passeport utile en 1865. On a appelé les choses par leur nom : ce sont les *principes de l'économie politique* qui figurent au programme, avec une introduction et quatre parties : production, circulation, consommation, finances. L'ordre général est plus logique, quoique certains détails du programme ne soient pas à la place la plus convenable, et l'enseignement en sera rendu plus facile pour les maîtres et plus clair pour les élèves.

M. Duruy avait créé à Cluny une *École normale secondaire spéciale*. Un professeur, M. *de Fresquel*, y est chargé de l'enseignement de la législation et de l'économie politique.

Les écoles municipales supérieures, dont Turgot est le type et dont M. Pompée a été le premier fondateur et M. Marguerin l'organisateur, sont de véritables écoles industrielles. L'école commerciale de l'avenue Trudaine, fondée par la Chambre de commerce, appartient à la même catégorie. L'enseignement de l'économie politique leur est nécessaire. Il a été introduit, il y a plus de douze ans, par M. Marguerin ; le cours a été fait d'abord par M. *Paul Coq*, qui a reproduit son enseignement dans un Manuel ; il l'est aujourd'hui par M. *Georges Renaud*. L'école Arago, la dernière des écoles municipales créées, a mis tout d'abord l'économie politique sur ses programmes ; M. *Magnin* y professe ; l'école Lavoisier, où M. *Lesiour* professe la législation et l'économie politique, et l'école J.-B. Say, où professe M. *Renault*, avaient devancé Arago. Il est à désirer que cet enseignement soit donné également dans toutes les écoles de ce genre. A l'*École commerciale de l'Avenue Trudaine*, qui a été fondée par la Chambre de commerce, le cours date de 1865 ; il a été professé par M. *Garnier* auquel a succédé, en 1881, M. *Ch. Letort*. A Nantes, M. *Lieet* l'avait compris ainsi depuis longtemps et l'avait introduit dans son École professionnelle.

L'ENSEIGNEMENT PRIMAIRE.

Quoique M. de la Farelle eût demandé, dès 1846, que l'économie politique pénétrât dans l'école normale et par l'école normale dans l'école primaire, le succès paraissait douteux. Il y avait pourtant un point hors de doute : c'est que des instituteurs possédant des idées justes sur les matières économiques rendraient un service à l'ordre social en faisant pénétrer ces idées dans le peuple des villes et des campagnes.

La persévérance de plusieurs économistes, au nombre desquels on compte encore M. Frédéric Passy, a triomphé enfin. En 1872, M. Rozy, professeur à la Faculté de droit de Toulouse, obtint de faire un cours d'économie politique à l'école normale primaire; il est mort en 1882, laissant un *Traité élémentaire d'économie politique* comme souvenir de ses leçons. En 1872, le Conseil général de l'Oise, et, en 1874, celui de Seine-et-Oise, émettaient des vœux pour l'introduction de l'économie politique dans l'école normale; celui de Seine-et-Oise votait même des fonds et c'était M. F. Passy qui entreprenait de donner cet enseignement et qui y ajoutait bientôt celui de l'*École normale primaire d'Auteuil* et celui de l'*École normale de jeunes filles à Neuilly* (aujourd'hui à Sèvres), auquel il faut ajouter aujourd'hui celui du *Collège Sévigné*, qui relève de l'enseignement secondaire. Dans les deux années suivantes, une vingtaine de Conseils généraux suivirent l'exemple et émirent des vœux analogues à ceux de l'Oise et de Seine-et-Oise.

Les nouveaux programmes pour l'enseignement dans les écoles normales d'instituteurs, promulgués le 29 juillet 1881, y ont fait pleinement droit. Dans l'instruction morale et civique, qui est donnée en troisième année, figurent des *notions d'économie politique* dont le détail est la reproduction textuelle du programme des lycées. Reste pour les écoles normales, comme pour les lycées, à trouver ou à former des maîtres qui sachent assez pour enseigner. Le ministre de l'instruction publique a déjà préparé les voies en chargeant M. *Paul Boiteau* de l'*instruction civique* et de l'*économie politique* dans les Cours préparatoires au professorat des écoles normales d'instituteurs et M. *E. Cadet* des *notions d'économie politique* à l'École normale supérieure d'institutrices.

L'économie politique tend même aujourd'hui à pénétrer plus loin. M. Maze a demandé à la Chambre des députés de l'inscrire au nombre des matières de l'enseignement des écoles primaires et les programmes promulgués le 27 juillet 1882 portent, après l'histoire et la géographie :

« Instruction civique, droit usuel, notions d'économie politique », avec le commentaire suivant : « *Entretiens préparatoires à l'intelligence des notions les plus élémentaires d'économie politique :* l'homme et ses besoins; la société et ses avantages; les matières premières, le capital, le travail et l'association. La production et l'échange; l'épargne; les sociétés de prévoyance, de secours mutuels, de retraite. »

RÉSUMÉ.

L'histoire de l'enseignement économique comprend, d'après l'exposé que nous venons d'en faire, deux périodes distinctes avant 1860 et depuis 1860. Le changement de la politique commerciale de la France dont le traité de commerce avec l'Angleterre a été le manifeste le plus éclatant, marque la limite des deux périodes.

Dans la première période, l'économie politique est considérée, en dehors du cercle des économistes, comme une science dangereuse ou comme étude sans précision, peu digne du nom de science; on ne veut pas en généraliser l'enseignement. Elle n'a, à proprement parler, que trois chaires à Paris : celle du Conservatoire des Arts-et-Métiers, celle du Collège de France, celle des Ponts et Chaussées, occupées par Wolowski, Michel Chevalier et Joseph Garnier. Elle n'a pas de chaires en province.

Dans la seconde période, elle s'impose promptement comme la conséquence d'une politique économique plus rationnelle. Les premières conférences s'organisent sous le ministère de M. Rouland. Sous le ministère de M. Duruy, toutes les parties de l'enseignement public reçoivent une vigoureuse impulsion; les conférences se multiplient; la chaire d'économie politique de l'École de droit de Paris est rétablie et l'enseignement économique pénètre dans les Facultés de droit; le cours d'histoire et de géographie économiques du Collège de France est institué; l'enseignement secondaire spécial est fondé et l'économie industrielle entre dans ses programmes, ainsi que la géographie économique. De grands projets sont étudiés pour la création d'une section économique de l'École pratique des hautes études et d'un enseignement des sciences administratives et économiques.

Sous la République, l'enseignement de l'économie politique reçoit pleinement droit de cité; il devient général et obligatoire dans les Écoles de droit; il est doté, par l'École des sciences politiques et par l'Ecole des hautes études commerciales, d'établissements d'enseignement supérieur qui semblent pour ainsi dire faits exprès pour lui; il pénètre dans les programmes de l'enseignement secondaire classique et dans celui des écoles normales primaires, et jusque dans l'école primaire; il est présenté sous une forme meilleure dans l'enseignement secondaire spécial; il se propage dans les écoles industrielles; il est adopté par la plupart des associations qui font des cours populaires.

L'économie politique doit se féliciter des grands progrès qu'elle a faits depuis vingt-deux ans dans l'enseignement. Par le nombre des chaires qui lui sont exclusivement consacrées dans les établissements publics ou libres, par celui des cours et des conférences dont elle est le sujet, elle compte aujourd'hui au nombre des sciences qui ont une large part dans les études en France.

Aucun des postes qu'elle a successivement occupés ne peut être, à nos yeux, considéré comme une usurpation ; elle y est bien à sa place.

On reconnaîtra dans une dizaine d'années les services qu'elle y rend. Sans doute, elle n'éteindra pas les passions et ne préviendra pas le choc des intérêts et les révoltes de l'ambition ou de l'envie : aucune science n'a la puissance de faire que les hommes soient des anges. Mais elle éclairera la génération qui aura reçu ses leçons sur les conditions nécessaires de la production, sur les lois naturelles de la répartition, sur les véritables intérêts de la société, et elle contribuera à la rendre moins facilement accessible aux séductions de prétendus réformateurs de l'ordre social, plus ferme sur des principes dont elle aura l'intelligence et plus éclairée sur la direction à donner à ses intérêts et à ses institutions économiques.

Le grand nombre des professeurs contribuera aussi à l'avancement de la science économique et de la statistique. En étudiant à fond les principes et en propageant les doctrines, plusieurs prendront le goût de fouiller certaines questions et produiront des œuvres originales. Le champ de la science économique est loin d'avoir été défriché tout entier ; d'ailleurs celui d'une science morale ne l'est jamais complètement, parce qu'il est susceptible de s'étendre toujours et qu'il est souvent possible de creuser plus profondément les sillons déjà ouverts. Quand on songe combien sont divers les travaux qui pourraient tenter un savant et combien la France est moins fertile en productions de ce genre que certains autres pays, on comprend que ce sont moins les sujets que les hommes qui manquent encore.

L'Institut, par les concours qu'il ouvre, travaille à l'avancement de la science économique et s'applique à servir doublement cette science, en provoquant la composition d'œuvres solides et en mettant en relief les hommes de talent qui les produisent. Il s'aperçoit déjà de l'influence que l'augmentation du nombre des chaires exerce sur les études sérieuses ; car il a trouvé parmi les professeurs qui les occupent plusieurs de ses lauréats les plus méritants.

L'économie politique a beaucoup obtenu Quelques-uns de ses disciples demandent plus encore pour elle et il est certain que, tout en se réjouissant de ce qui a été fait, on peut chercher ce qu'il reste encore à faire.

M. Fr. Passy nous demandait si l'économie politique ne méritait pas d'avoir une chaire à la Sorbonne. S'il nous avait adressé la même question il y a un an, nous lui aurions répondu que la Sorbonne, étant placée au sommet de l'Université, devait donner un enseignement correspondant aux études universitaires; c'est la réponse que nous avions déjà faite au ministre de l'instruction publique lorsqu'en 1868 il avait bien voulu nous consulter sur la place qui conviendrait le mieux au cours d'histoire des faits et doctrines économiques, et c'était aussi l'opinion du ministre.

Depuis que des notions d'économie politique font partie du programme de philosophie, l'objection n'existe plus. Mais, si une chaire de ce genre était instituée à la Sorbonne, nous ne pensons pas qu'on pût faire de son existence un argument pour la création de chaires semblables dans toutes les Facultés des lettres, parce qu'à côté des principales Facultés qui préparent à l'agrégation, le candidat trouve une École de droit à laquelle il peut demander les notions économiques utiles à son examen. Il faut maintenir, autant que possible, entre les branches multiples de l'enseignement supérieur, un équilibre conforme aux besoins de chaque époque et aux ressources du budget et il ne faut pas perdre de vue que les notions économiques n'occupent qu'une place restreinte dans le cours de philosophie. Si, plus tard, les professeurs des lycées, formés par le nouvel enseignement, sont portés par la force des choses à élargir cette place, il sera temps d'y pourvoir dans les Facultés. En attendant, nous pensons que le jury d'agrégation de philosophie ferait bien si parfois il introduisait dès maintenant quelque question économique dans les épreuves des candidats; nous avons la même pensée et nous avons formé le même vœu pour l'introduction de quelques questions de géographie physique et économique dans les épreuves de l'agrégation d'histoire et de géographie : il faut encourager les candidats à apprendre ce qu'ils doivent enseigner.

C'est une pensée juste de vouloir faire pénétrer dans la masse de la nation le sentiment des vérités économiques; ce serait une ambition trop grande que de prétendre en faire un enseignement dogmatique dans l'école primaire. Il est dangereux de surcharger l'enseignement primaire, et le ministre, en publiant les programmes de juillet 1882, a eu soin de prémunir les instituteurs contre ce danger : « L'idéal de l'école primaire, dit-il, n'est pas d'enseigner beaucoup, mais de bien enseigner ». Or, l'économie politique est une science qu'on ne sait que lorsqu'on a méthodiquement suivi l'entraînement de ses propositions fondamentales. L'enfant de douze ans est incapable de cet effort. Il faut se contenter avec lui

« des entretiens préparatoires » qu'indique le programme, et, le plus souvent, le maître ne pourra engager de pareils entretiens que sous forme de commentaire d'une dictée ou d'une lecture. C'est ainsi qu'on l'a compris dans les programmes des cours municipaux d'enseignement commercial à Paris pour le degré élémentaire, quoique les maîtresses s'y adressent à des jeunes filles qui ont dépassé l'âge scolaire. C'est pourquoi il est important de multiplier les bons livres destinés aux écoles primaires, comme le *Petit manuel d'économie pratique* de M. Block, *Francinet* et le livre de lectures courantes par *Caumont.*

Mais, si l'on a assez fait ou du moins si l'on a assez largement ouvert la voie de ce côté, — car les programmes viennent d'être promulgués et le temps pourra seul apprendre dans quelle mesure ils seront pratiqués, — il y a encore des lacunes de quelques autres côtés.

L'École centrale des arts et manufactures, dont l'importance s'est tant accrue depuis une trentaine d'années et qui est aujourd'hui la pépinière de la grande industrie, n'a pas de cours d'économie politique ; les écoles d'arts et métiers qui, dans une région plus modeste, peuplent aussi nos ateliers et nos usines, n'en ont pas non plus; ils sont cependant au nombre des établissements où cet enseignement serait le plus utile et une pareille lacune y est tout à fait regrettable.

La statistique a été moins favorisée dans ces derniers temps que l'économie politique dont elle est un auxiliaire nécessaire. Elle a ses procédés particuliers, arides et difficiles. Elle est utile à tous ceux qui traitent, à un titre quelconque, des sciences sociales, et il manque quelque chose à l'économiste même qui n'a pas appris suffisamment à la manier. Elle n'a pourtant dans l'enseignement officiel qu'une seule chaire qui lui soit consacrée, celle du Conservatoire des Arts-et-Métiers et une chaire où, de temps à autre, elle a accès, celle d'histoire et géographie économiques du Collège de France; il faut y ajouter le cours de l'École d'anthropologie, les conférences de l'École des Ponts et Chaussées et le cours de statistique de l'École des sciences politiques. Ce n'est pas suffisant pour former non seulement des hommes de science, mais des fonctionnaires munis des connaissances qui leur permettent de se servir de la statistique et d'en faire avec intelligence. La Prusse est mieux dotée à cet égard : à Berlin, il existe, auprès du Bureau de statistique, un séminaire créé par M. Engel et exclusivement consacré à la préparation des statisticiens. [1]

---

[1] Trois mois après le 40e anniversaire de la Société d'économie politique, au

S'il y a trop peu de savants qui s'adonnent aux études de statistique, il y a aussi trop peu d'historiens qui fouillent dans le passé et qui s'appliquent à en mettre en relief les institutions et les faits à la lumière de l'économie politique. Il y a cependant là une mine abondante qui, dans d'autres pays, est exploitée avec plus d'ardeur qu'en France. Nous avons des économistes qui ont le sens théorique ou le sens pratique ; les Écoles de droit commencent à en produire qui ont le sens juridique. Pourquoi l'enseignement des Facultés de lettres et des lycées n'en produirait-il pas qui aient le sens historique ? C'est une des voies dans lesquelles l'Académie des Sciences morales et politiques s'efforce, par ses concours, de guider les hommes de travail et de talent.

Il ne faut pas désespérer de voir combler quelque jour ces lacunes. Quand on se reporte dans le passé, comme nous venons de le faire par ce résumé, et qu'on rapproche les défiances qu'excitait, il y a trente ans, l'enseignement économique et l'empressement avec lequel on l'accueille aujourd'hui, on peut avoir quelque confiance dans le progrès futur des études économiques et statistiques en France.

---

moment où cette brochure est encore sous presse, la Société de statistique de Paris vient d'instituer une série de conférences qui auront lieu du 21 janvier au 14 mars 1883 et dont voici les titres : Inauguration des conférences sur la statistique, par M. *Levasseur* ; généralités sur les méthodes de statistique, par M. *Cheysson* ; statistique graphique (applications à la démographie), par M. *Lafabrègue* ; les recensements de la population, par M. *Loua* ; la statistique judiciaire, par M. *Yvernès* ; la statistique de l'alcoolisme, par M. *Lunier* ; l'évaluation de la fortune de la France, par M. *de Foville*.

aris. — Typ. A. PARENT, A. DAVY, successeur, rue Monsieur-le-Prince, 31.

www.ingramcontent.com/pod-product-compliance
Ingram Content Group UK Ltd.
Pitfield, Milton Keynes, MK11 3LW, UK
UKHW031955260826
14628UKWH00005B/2058

9 782019 134068